APPRIVOISER L'ÉCRIT

✎ TECHNIQUES DE L'ÉCRIT ET STRATÉGIES D'AUTO-PERFECTIONNEMENT ✎

CHRISTINE BESNARD ET MARIE-FRANCE SILVER

TORONTO

CANADIAN SCHOLARS' PRESS

Deuxième édition (revue et augmentée)

Apprivoiser L'écrit: Techniques de l'écrit et stratégies d'auto-perfectionnement: Deuxième édition (revue et augmentée)
by Christine Besnard et Marie-France Silver

First published in 2003 by
Canadian Scholars' Press Inc.
180 Bloor Street West, Suite 801
Toronto, Ontario
M5S 2V6

www.cspi.org

CSPI gratefully acknowledges financial support for our publishing activities from the Government of Canada through the Book Publishing Industry Development Program (BPIDP) and the Government of Ontario through the Ontario Book Initiative.

National Library of Canada Cataloguing in Publication Data

Besnard, Christine
        Apprivoiser l'écrit : techniques de l'écrit et stratégies d'auto-perfectionnement / Christine Besnard et Marie-France Silver. -- 2e éd. revue et augm.

For English-speaking students of French as a second language.
ISBN 1-55130-238-1

        1. French language--Rhetoric. 2. French language--Written French.
3. French language--Textbooks for second language learners. I. Silver, Marie-France II. Title.

PC2129.E5B5 2003   808'.0441   C2003-903516-6

Cover design by Zack Taylor

05   06   07 08   7   6   5   4   3   2

Printed and bound in Canada by Brown Book Company.

Canadä

TABLE DES MATIÈRES

<u>Remerciements</u>

Nous remercions Mademoiselle Samia Khalifé de l'aide précieuse qu'elle nous a apportée dans la préparation de cette nouvelle édition.

PRÉFACE
ET
CONSEILS DESTINÉS AUX ENSEIGNANT(E)S

Ce manuel est destiné **aux cours avancés et intermédiaires avancés** de français, langue seconde ou étrangère.

Centré sur les apprenant(e)s, il cherche à améliorer leur expression écrite en leur enseignant un certain nombre de techniques et de stratégies indispensables.

Il est basé sur les principes d'une **pédagogie transparente** qui vise à faire découvrir de façon explicite les mécanismes de l'écrit.

Ce manuel a pour **objectifs** de :

- soutenir l'intérêt des étudiant(e)s en leur présentant des contextes variés dans le cadre desquels ils seront invités à s'exprimer par écrit sur un certain nombre de sujets ;

- provoquer une réflexion sur différents aspects de la langue française au moyen d'une variété de documents choisis et d'exercices conçus pour une clientèle de jeunes adultes ;

- faire le lien entre l'université et le monde du travail en facilitant l'acquisition de techniques qui s'avéreront utiles dans les autres cours universitaires et dans un milieu professionnel ;

- encourager les étudiant(e)s à travailler de façon autonome en leur montrant comment prendre en charge l'enrichissement de leur vocabulaire, l'amélioration de leur grammaire et de leur syntaxe, ainsi que l'organisation de leurs travaux ;

- mieux répondre aux besoins des différents styles d'apprentissage qui coexistent dans une même classe afin de parvenir à une meilleure appropriation de la langue écrite.

Dans la première partie intitulée « Techniques de l'écrit », chaque technique est abordée de la façon suivante :

- Mise en valeur de sa fonction et de son utilité
- Présentation de la technique proprement dite
- Modèles suggérés
- Exercices d'application
- Suggestions bibliographiques pour aller plus loin

L'éventail des techniques présentées est assez large pour permettre aux enseignant(e)s de choisir celles qui semblent particulièrement adaptées aux besoins de leurs étudiant(e)s. Chaque technique peut donc s'étudier de façon indépendante. Toutefois, l'ordre que nous avons adopté encourage une prise de conscience stylistique graduelle.

Notre sélection d'activités langagières est également abondante : elle permet aux enseignant(e)s de multiplier les itinéraires d'accès à l'apprentissage de l'écrit et de mieux répondre aux besoins et aux intérêts des différents types d'apprenant(e)s.

La deuxième partie intitulée « Stratégies d'auto-perfectionnement » encourage et prépare les étudiant(e)s à travailler de façon autonome.

Elle leur permet de consolider, à leur rythme et à leur gré, certaines questions grammaticales et syntaxiques.

Elle les aide à améliorer leur capacité à écrire de façon plus exacte, plus concise et plus cohérente.

Elle leur fait découvrir les stratégies les plus appropriées à l'enrichissement de leur vocabulaire.

Cette partie de notre manuel offre l'avantage de pouvoir continuer à être utilisée par les étudiant(e)s une fois le cours de français terminé : les stratégies présentées leur permettront de consolider, voire d'améliorer, leur expression écrite.

Alors qu'au début de chaque chapitre, nous précisons les objectifs visés et l'utilité des techniques travaillées, nous terminons toujours par une bibliographie qui permet à ceux et à celles qui le désirent d'aller plus loin.

Ce manuel s'est fait en étroite collaboration avec nos étudiant(e)s. Leur réaction enthousiaste au matériel que nous y présentons nous incite à le mettre maintenant à la disposition de nos collègues.

Quelques conseils pratiques destinés aux enseignant(e)s

À quel rythme enseigner la matière de la première partie ?

Nous enseignons au trimestre d'automne les chapitres 1, 2, 3 et au trimestre d'hiver les chapitres 4 et 6 de la première partie.

Veuillez noter que le chapitre 5 de cette partie (Le fait divers) peut être enseigné soit à la fin du premier semestre, soit au début du second.

En général, nous insistons avant Noël sur une révision grammaticale à partir des travaux des étudiant(e)s, et, après Noël, nous attirons davantage leur attention sur

des questions stylistiques. Le chapitre 5 (Le fait divers) initie cette sensibilisation stylistique en familiarisant les étudiant(e)s avec le style journalistique. Les chapitres 4 et 6 de cette partie abordent de nombreuses questions de style et présentent une variété d'exercices qui permettent de mettre en pratique les notions acquises.

Comment utiliser la seconde partie ?

Certains chapitres de cette partie se prêtent facilement à l'enseignement et peuvent s'étudier en même temps que les chapitres de la première partie : ainsi, le chapitre 1 (Féminisation et rédaction non sexiste) complémente le chapitre 1 de la première partie (La correspondance) ; le chapitre 3 (Les cinquante erreurs les plus courantes à l'écrit) permet une révision grammaticale toujours nécessaire, même au niveau avancé, de l'apprentissage du français ; le chapitre 4 (Les causes fréquentes d'anglicismes), plus complexe, ne se traitera qu'après une révision des causes d'erreurs les plus fréquentes.

Quels autres outils grammaticaux utiliser ?

Les étudiant(e)s qui ont atteint un niveau assez avancé de l'apprentissage du français ont déjà en leur possession un certain nombre de livres de grammaire. Si ces derniers les satisfont, nous ne les obligeons pas à acquérir une autre grammaire mais, s'ils (elles) le désirent, nous leur recommandons un des ouvrages ci-dessous :

Collectif, *Dictionnaire des difficultés de la langue française* (Larousse, 2001) ou De Villers, Marie-Éva, *La grammaire en tableaux* (Spirales, 1997).

Par contre nous exigeons qu'ils aient en leur possession un livre de verbes comme le *Bescherelle : Conjugaison, édition 97* (Hatier) et un dictionnaire français comme *Le Petit Robert* (Le Robert, 2000).

Enrichissement lexical

- À partir de l'exploitation de tous les chapitres et en particulier des chapitres 1, 3, 4 (de la première partie) et des chapitres 2 et 4 (de la deuxième partie) qui fournissent, en contexte, du vocabulaire spécialisé.

- À partir du chapitre 5 (de la deuxième partie) qui propose des stratégies pratiques pour l'acquisition du vocabulaire de l'actualité grâce à l'écoute des nouvelles radiodiffusées.

- À partir du chapitre 6 (de la deuxième partie) qui se concentre sur l'acquisition du vocabulaire grâce à la lecture de la presse en français.

PREMIÈRE PARTIE

TECHNIQUES DE L'ÉCRIT

1. LA CORRESPONDANCE[1]

OBJECTIFS VISÉS

Encourager les apprenant(e)s à utiliser le français hors de la salle de classe.

- Leur fournir les outils linguistiques nécessaires pour leur permettre de rédiger des lettres de demande de renseignements et de demande d'emploi, ainsi que leur curriculum vitae.

- Les préparer au monde du travail.

I   LETTRE

1.   Disposition

En-tête

Vedette   Date

Objet :

Appel

Paragraphe 1

Paragraphe 2

Salutation

                                              Signature

Pièces jointes

Copie conforme

2. Les éléments constitutifs d'une lettre

a) La vedette (nom et adresse du/de la destinataire)

Monsieur le Directeur	☞	Pas de ponctuation à la fin des lignes
L'Actualité	☞	Une virgule sépare le numéro de l'établissement du nom de la rue
1001, boul. de Maisonneuve Ouest Montréal (Québec) H3A 3E1	☞	On recommande de ne pas abréger le nom de la province
Madame C. Sambor	☞	Monsieur, Madame, Messieurs, Mesdames ne s'abrègent pas
Directrice		
Jacadi 390, avenue Pasteur C. P. 511, succursale B Québec (Québec) G1K M5S	☞ ☞	Avenue ou av., Boulevard ou boul. Case postale ou C. P.

b) La date

Le 31 décembre 20__	☞	Pas de ponctuation en fin de ligne
Toronto, le 1er janvier 20__	☞	Virgule après le nom de la ville
	☞	« Mois » en minuscules
	☞	Pas de virgule avant l'année

c) L'objet (réservé à la lettre d'affaires)

Objet : Demande d'emploi	☞	Mention soulignée
	☞	« Objet » suivi de deux points
	☞	Ne pas utiliser « Re »
	☞	Mettre des majuscules après les deux points (:)

d) L'appel (formule par laquelle vous vous adressez à votre correspondant(e))

Madame,	☞	L'appel est suivi d'une virgule
Monsieur,	☞	« Cher Monsieur », « Chère Madame » sont pour les individus qui se connaissent bien
Mesdames, Messieurs, À qui de droit (semble être de plus en plus remplacé par « Mesdames, Messieurs »)	☞	En français il ne faut pas faire suivre « Cher Monsieur », « Chère Madame » du nom de famille

e) La salutation

Les salutations les plus courantes sont les suivantes :

Je vous prie d'agréer, Madame,
Je vous prie d'accepter, Monsieur,
Veuillez agréer, Mesdames, Messieurs,
Veuillez accepter, Messieurs,

l'expression de mes sentiments les meilleurs.
l'assurance de mes sentiments distingués.
l'assurance de mes sentiments les plus respectueux.
(cette expression est réservée à une personne qui occupe une fonction importante dans le gouvernement, l'Église...)

☞ On doit reprendre dans les salutations le même appel (Madame, Monsieur...) que celui que l'on a choisi en début de lettre.

☞ Les expressions telles que « Bien à vous », « Sincèrement vôtre » ne sont pas recommandées[2]

Suivant le contexte, vous pouvez aussi choisir d'utiliser :

Avec mes remerciements anticipés, je vous prie d'agréer...
Je vous remercie d'avance de votre réponse et vous prie d'agréer...
En attendant votre réponse, je vous prie d'accepter...
Tout en me tenant à votre disposition pour tout renseignement supplémentaire, je vous prie d'accepter...

f) La signature

Le Directeur,

(signature)
Patrick Pons

(signature)
Dominique Lescène

☞ Il faut une virgule après le nom de la fonction

☞ La signature doit s'aligner sous la date

g) Les pièces jointes

Pièce(s) jointe(s) : curriculum vitae
p.j. Curriculum vitae

h) La copie conforme

Copie conforme : Monsieur P. Pons
c.c. M. Patrick Pons
        Mme Chantal Sambor

II   CORRESPONDANCE GÉNÉRALE ET LETTRES D'AFFAIRES

☞ Restez très professionnel(le). Les détails de votre vie privée n'ont pas de place dans ce type de lettres.

☞ La personne qui lira votre lettre en lira des dizaines d'autres. Votre lettre devra être à la fois courte et précise.

☞ Plan de ce genre de lettres :

- Indiquez clairement le but de votre lettre au premier paragraphe.
- Chaque paragraphe est consacré à une idée différente, ce qui permet au (à la) destinataire de saisir immédiatement l'information qui lui est destiné(e).
- Incluez uniquement ce qui est nécessaire.

☞ À la relecture, assurez-vous que votre lettre contient bien tous les renseignements dont votre correspondant(e) aura besoin pour vous répondre.

FORMULES D'APPEL ET DE SALUTATION

DESTINATAIRE	APPEL	SALUTATION
Monsieur Untel Directeur du personnel Société SOGEDIM Toronto (Ontario) M6C 1R7	Monsieur le Directeur,	Veuillez agréer, Monsieur le Directeur, l'expression de mes sentiments les meilleurs.
Madame Untel Directrice du département d'études françaises	Madame la Directrice,	Veuillez accepter, Madame la Directrice, l'assurance de mes sentiments distingués.
Monsieur Leduc (le gérant de votre immeuble)	Monsieur,	Veuillez agréer, Monsieur, l'expression de mes sentiments les meilleurs.
Madame Durand (l'institutrice de votre fille)	Madame,	Veuillez accepter, Madame, l'assurance de mes sentiments les meilleurs.
Monsieur Untel (votre ancien professeur)	Cher Monsieur,	Veuillez accepter, Cher Monsieur, l'assurance de mes sentiments les meilleurs.
Madame Untel (votre ancienne professeure)	Chère Madame,	Veuillez agréer, Chère Madame, l'expression de mes sentiments les meilleurs.
Monsieur Untel Ministre de l'Immigration	Monsieur le Ministre,	Veuillez agréer, Monsieur le Ministre, l'expression de mes sentiments les plus respectueux.
Vous adressez votre lettre à un département universitaire, un service gouvernemental, un hôtel, etc., et vous ignorez le sexe ou le nom de votre destinataire.	Madame, Monsieur, ou Mesdames, Messieurs,	Veuillez accepter, Madame, Monsieur, l'assurance de mes sentiments distingués. Veuillez agréer, Mesdames, Messieurs, l'expression de mes sentiments les meilleurs.

COMMENT DÉBUTER UNE LETTRE

Vous écrivez de votre propre initiative	J'aimerais _____ (le conditionnel Je souhaiterais _____ marque la politesse) Je désirerais _____
Vous répondez à :	
- une annonce	En réponse à votre annonce parue/insérée dans *La Presse* du 24 décembre 20_, je vous écris pour
- une réclame	Comme suite à votre réclame parue dans le dernier numéro de *L'Actualité*, je souhaiterais
- une lettre	En réponse à votre lettre du 18 novembre dernier, je vous écris pour _____.
- une conversation téléphonique	Comme suite à notre conversation téléphonique de vendredi dernier, je _____.
- un entretien	Comme suite à notre entretien de la semaine dernière, je _____.
Vous annoncez :	
- une bonne nouvelle	J'ai le plaisir de vous informer **que** le livre que vous avez commandé est arrivé.
	J'ai le plaisir de vous informer **de** l'arrivée du livre que vous avez commandé.
- une mauvaise nouvelle	J'ai le regret de vous informer **que** la réunion prévue pour mercredi prochain est annulée.
	J'ai le regret de vous informer **de** l'annulation de la réunion prévue pour mercredi prochain.

III   DEMANDE DE RENSEIGNEMENTS

☞   **Voici quelques formules utiles à la rédaction de lettres pour obtenir des renseignements sur des programmes, des catalogues, des prix, des échantillons...**

* J'aimerais
  Je souhaiterais
  Je désirerais
  > recevoir votre programme/votre catalogue
  > connaître vos prix
  > obtenir des renseignements sur...
  >> concernant...
  >> relatifs à...

* Je vous saurais gré de bien vouloir
  Je vous saurais gré d'avoir l'amabilité de
  Je vous saurais gré d'avoir l'obligeance de

* Je vous serais reconnaissant(e)

  > de bien vouloir
  > d'avoir l'amabilité de
  > d'avoir l'obligeance de

  >> m'envoyer
  >> m'indiquer
  >> me fournir
  >> me faire parvenir
  >> me faire connaître

  >> dès que possible

  >> votre programme/catalogue
  >> vos prix, le coût de...
  >> des renseignements sur...
  >> le formulaire d'abonnement
  >> le formulaire d'inscription

<u>Notez la différence entre :</u>

- **Savoir** gré de quelque chose à quelqu'un

ex. Je lui **sais** gré de m'avoir prévenu(e) à temps.

- **Être** reconnaissant de quelque chose à quelqu'un

ex. Je lui **suis** reconnaissant(e) de m'avoir prévenu(e) à temps.

<u>Notez la différence entre l'anglais et le français dans la façon d'exprimer les heures :</u>

ex. The meeting will take place on monday at **3 p.m.**
La réunion aura lieu lundi à **15 h**

Their plane is expected at **9 p.m.**
Leur avion est attendu à **21 h**

It happened at **11 a.m.**, local **time**
C'est arrivé à **11 h du matin**, **heure** locale

DEMANDE D'ABONNEMENT

minuscule   pas de
virgule
avant
l'année
↓   ↓

Toronto, le 18 septembre 20__

L'Actualité
Service des abonnements
1001, boul. de Maisonneuve Ouest
Montréal (Québec)
H3A 3E1

Appel :
Ne jamais utiliser Cher(s)
ou Chère(s) si vous ne
connaissez pas
destinataire. →

Mesdames, Messieurs,

Indiquez clairement →
Le but de votre lettre au
premier paragraphe.

J'aimerais m'abonner pour un an à votre revue *L'Actualité.*

Veuillez trouver ci-joint un chèque de _____ dollars couvrant le
prix de l'abonnement et les taxes.

Je vous saurais gré de me faire parvenir votre revue à l'adresse
ci-dessous.

Salutation : ne pas →
oublier de remercier si on
demande un service et de
reprendre exactement la
formule d'appel choisie.

Avec mes remerciements anticipés, je vous prie d'agréer,
Mesdames, Messieurs, l'expression de mes sentiments les
meilleurs.

Marie-Christine Silbe

p.j. Chèque

Madame Marie-Christine Silbe
2275, avenue Bayview, App. 203
Toronto (Ontario)
M4N 3M6

DEMANDE DE RENSEIGNEMENTS

Le 9 novembre 20__

Faculté d'études supérieures
Université York
4700, rue Keele
Downsview (Ontario)
M3J 1P3

Madame, Monsieur,

Je souhaiterais recevoir des renseignements sur les conditions d'admission à votre programme de maîtrise en études françaises ainsi que des précisions sur le programme lui-même et sur la possibilité de le suivre à temps partiel.

Je vous serais donc reconnaissante de me faire parvenir, dès que possible, les informations pertinentes ainsi qu'une liste des cours offerts l'an prochain par courriel à : msilbe@yahoo.ca ou à l'adresse ci-dessous.

En vous remerciant d'avance, je vous prie d'agréer, Madame, Monsieur, l'expression de mes sentiments les meilleurs.

Marie-Christine Silbe

Marie-Christine Silbe
2275, avenue Bayview, App. 203
Toronto (Ontario)
M4N 3M6

LETTRE D'AFFAIRES

Le 24 novembre 20__

UNICEF Canada
2200, rue Yonge, suite 1100
Toronto (Ontario)
M4S 2C6

<u>Objet : Catalogue des cartes de Noël</u>

Madame, Monsieur,

Je vous saurais gré de bien vouloir me faire parvenir, dès que possible, votre catalogue des cartes de Noël de cette année.

Tout en vous remerciant d'avance de votre envoi, je vous prie d'agréer, Madame, Monsieur, l'assurance de mes sentiments distingués.

Marie-Christine Silbe

Madame Marie-Christine Silbe
2275, avenue Bayview, App. 203
Toronto (Ontario)
M4N 3M6

IV   DEMANDE D'EMPLOI

Formules pour le corps de la demande d'emploi

☞ Les conseils donnés pour la correspondance générale et la lettre d'affaires s'appliquent aussi à la demande d'emploi.

☞ Restez très professionnel(le). Les détails de votre vie privée n'ont pas leur place dans ce type de lettres.

☞ La personne qui lira votre lettre en lira des dizaines d'autres. Votre demande d'emploi devra donc être courte mais assez précise et détaillée pour retenir l'attention de votre lecteur ou de votre lectrice.

☞ N'oubliez pas que votre lettre accompagne votre C.V. Vous ne devez donc pas répéter le contenu de ce dernier mais plutôt attirer l'attention sur les qualités et l'expérience qui conviendraient particulièrement bien à l'emploi postulé. Cela se fait en général au deuxième paragraphe. Le premier paragraphe doit indiquer le but de votre lettre de façon claire et précise.

- Me référant à votre annonce parue dans *Le Devoir* du...
  Comme suite à l'annonce parue dans...
  En référence à votre annonce parue dans...
  En réponse à...

- Permettez-moi de me porter candidat(e) au poste de...
  Je me permets de poser ma candidature au poste de...
  Je me permets de postuler l'emploi de...
  J'aimerais solliciter l'emploi de...

- Je pense avoir les qualités et l'expérience requises pour...
  Je parle et j'écris couramment le français, l'anglais...
  J'ai fait un stage de formation dans le domaine de...
  J'ai occupé le poste de...
  J'ai rempli les fonctions de...

- Veuillez trouver ci-joint mon curriculum vitae.
  Tout en joignant à ma lettre mon curriculum vitae,

- Je me tiens à votre disposition pour tous autres renseignements,
  Je me tiens à votre disposition pour une entrevue éventuelle,

  et vous prie d'agréer, Madame,
  et vous prie d'accepter, Monsieur,

mes salutations distinguées.
mes sincères salutations.
l'expression de mes sentiments les meilleurs.

Notez la différence entre :

- Se **porter** candidat(e) au poste de...

> ex. Son patron a conseillé à mon frère de **se porter** candidat au poste de directeur du service du personnel.

> Elle n'est pas assez qualifiée pour **se porter** candidate à ce poste.

- **Poser sa candidature** au poste de...

> ex. Elle a l'intention de **poser sa candidature** au poste de rédactrice adjointe.

> Elle n'a aucune intention de **poser sa candidature** à ce poste.

Notez la différence entre l'anglais et le français :

You can phone me **at** 416 633-2211, or write to me at **the address below**
Vous pouvez me téléphoner (me rejoindre) **au** 416 633-2211, ou m'écrire à l'**adresse ci-dessous**

Expressions utiles :

- travailler **à** temps plein
- travailler **à** temps partiel
- travailler comme bénévole

> ex. Elle travaille depuis deux ans comme secrétaire à temps partiel dans un cabinet d'avocats mais elle a décidé de chercher un emploi à temps plein.

> Elle consacre le samedi à travailler comme bénévole dans un hôpital du centre ville.

LETTRE DE DEMANDE D'EMPLOI

Toronto, le 18 septembre 20___

Monsieur Jean Roy
Directeur du camp bilingue Découverte Nature
1824, avenue Lawrence Est
Bureau 204
Toronto (Ontario)
M5N 3M5

Objet : Demande d'emploi

Indiquez la fonction de →
votre correspondant(e).

Monsieur le Directeur,

Indiquez le but de →
votre lettre.

En réponse à votre annonce parue dans le *Pro Tem* du 12 février, permettez-moi de vous proposer mes services comme monitrice pour l'été 20___.

Attirez l'attention sur →
les qualités et l'expérience
appropriées.

Je suis bilingue (anglais/français) et poursuis actuellement mes études de français au Centre universitaire Glendon. Comme vous pourrez le constater en prenant connaissance du curriculum vitae ci-joint, j'ai déjà travaillé comme monitrice car j'aime beaucoup les enfants.

Manifestez votre intérêt →
et donnez les coordonnées
nécessaires.

Cet emploi m'intéresse donc particulièrement et j'espère que vous voudrez bien m'accorder une entrevue quand vous le jugerez à propos. Vous pouvez me rejoindre au 416 222-4444 en semaine après 18 h, par courriel à : msilbe@yahoo.ca ou m'écrire à l'adresse indiquée dans mon curriculum vitae.

Veuillez agréer, Monsieur le Directeur, l'expression de mes sentiments les meilleurs.

Marie-Christine Silbe

p.j. Curriculum vitae

V   <u>CURRICULUM VITAE</u>

☞   Votre C.V. doit être très clairement organisé.

☞   Chaque section doit commencer par les dates les plus récentes et finir par les dates les plus anciennes.

☞   Selon le type d'emploi que vous recherchez, vous allez mettre en valeur certains aspects de vos études et de votre expérience professionnelle plutôt que certains autres.

☞   Terminez votre C.V. en y précisant sa date de mise à jour.

CURRICULUM VITAE

Nom :

Lieu et date de naissance (facultatifs) :

Citoyenneté :

Adresse :

Numéros de téléphone :

      Bureau :
      Résidence :

Adresse électronique :

Langue(s) maternelle(s) :

Autre(s) langue(s) : français (lu, parlé, écrit)
                    espagnol (lu, écrit)

ÉTUDES ET DIPLÔMES

2003   -

2002   -

2001   -

PRIX ET BOURSES

2003   -

2002   -

2000   -

EXPÉRIENCE PROFESSIONNELLE

2002–2001   -

2001–2000   -

1999   -

STAGES DE FORMATION OU DE PERFECTIONNEMENT

2001   -

2000   -

1998   -

BÉNÉVOLAT

2002–2000   -

1999–1998   -

COMITÉS

2003–2002   -

RÉFÉRENCES

Noms et numéros de téléphone et adresses électroniques de vos répondants

                 ou

Références sur demande

                                 Date :

VI   PRATIQUES LANGAGIÈRES

1.   **L'une de ces trois lettres contient de nombreuses maladresses. Indiquez laquelle puis corrigez-en les erreurs.**

Toronto, le 7 septembre 20__

Monsieur,

C'est avec le plus vif intérêt que j'ai pris connaissance de l'annonce que vous avez fait paraître dans *Le Devoir* du 31 août dernier. Je m'adonne comme vous à la collection des timbres d'Amérique latine et serais donc très intéressé par un échange éventuel.

Auriez-vous l'amabilité de m'appeler au 416 563-3636 de manière à ce que nous convenions d'un rendez-vous ?

En espérant vous rencontrer très bientôt, je vous prie d'agréer, Monsieur, l'expression de mes salutations les meilleures.

* * *

Toronto, le 7 septembre 20__

Monsieur,

J'ai pris connaissance de l'annonce que vous avez fait paraître dans *Le Devoir* du 31 août dernier. Comme vous, je collectionne les timbres d'Amérique latine et suis tout disposé à procéder à un échange éventuel. Je serais donc très heureux de vous rencontrer à votre convenance pour voir votre collection et vous montrer la mienne.

Auriez-vous l'amabilité de m'appeler au 416 563-3636 pour que nous convenions d'un rendez-vous ?

Dans cette attente, je vous prie d'agréer, Monsieur, l'expression de mes cordiales salutations.

* * *

Toronto, le 7 septembre 20__

Monsieur,

Je vous écris à propos de l'annonce que vous avez fait paraître dans *Le Devoir* de mercredi dernier. Je collectionne moi aussi les timbres d'Amérique latine et avant d'en échanger éventuellement je serais donc très heureux de voir votre collection et de vous montrer la mienne.

Auriez-vous l'extrême amabilité de me téléphoner pour que nous fixions un rendez-vous ? Je vous donne mon numéro de téléphone : 416 563-3636.

À bientôt donc.

2. Relevez les erreurs que contient cette demande d'emploi et réécrivez-la.

Le 15 mai 20__

Cher Monsieur Buisson :

Je désire obtenir la place que vous annoncez dans *Le Devoir* de samedi dernier.

Je sais que mes études et expérience m'ont préparé pour cet emploi.

Depuis les cinq années dernières j'ai eu la position de manager du service réparation. Bien que je suis heureux de ma position, je veux surmonter des nouveaux défis.

Vous trouverez attaché à cette lettre mon c.v. Je pourrais obtenir une lettre de recommandation et je peux venir pour une entrevue quand vous le voulez.

J'espère que je recevrai de vos nouvelles et je vous prie de recevoir, Monsieur, tous mes remerciements.

Bien à vous,

Signature

3. Vous décidez de poser votre candidature à un poste de professeur(e) de français du niveau primaire que le Conseil scolaire de Toronto met en candidature. Rédigez votre lettre de demande d'emploi.

4. Vous décidez de poser votre candidature à l'annonce d'un poste de traducteur/traductrice qui est parue dans *La Presse* du 30 septembre 20__. Rédigez votre lettre de demande d'emploi.

5. Vous désirez passer la fin de semaine de l'Action de Grâces à Québec avec votre ami(e) et votre frère et sa fiancée. Vous écrivez donc au Bureau du Tourisme de Québec pour obtenir des renseignements sur les hôtels et les restaurants de cette ville ainsi que sur les activités culturelles qui y auront lieu durant ce week-end.

6. Rédigez votre curriculum vitae en le présentant de façon claire et précise.

7. **Répondez à l'annonce suivante :**

> UNICEF Canada recherche pour son bureau de Toronto des bénévoles bilingues pouvant consacrer de façon régulière quelques heures par semaine à des activités de secrétariat (utilisation de l'ordinateur, appels téléphoniques, etc.)
>
> Si cela vous intéresse, veuillez écrire à :
>
> UNICEF Canada
> 2000, rue Yonge, suite 1100,
> Toronto, Ontario,
> M452C6

(Rédigez votre réponse en mentionnant les raisons de votre intérêt et en indiquant quand vous seriez disponible)

Notes :

1. Ce chapitre s'inspire du chapitre « La correspondance » de *Pratique des affaires* de Christine Besnard et Charles Elkabas, Toronto, Canadian Scholars' Press, 1997.

2. Ce manuel étant ancré dans la réalité canadienne, la terminologie qui est utilisée est officiellement recommandée par l'Office de la langue française du gouvernement du Québec et par la Direction de la terminologie et des services linguistiques du gouvernement fédéral à Ottawa.

Suggestions bibliographiques

Besnard, Christine et Charles Elkabas. *Pratique des affaires*, Toronto, Canadian Scholars' Press, 1997, 394 p.

Guilloton, Noëlle et Hélène Cajolet-Laganière. *Le français au bureau*, l'Office de la langue française, Montréal, Presses universitaires du Québec, 2000, ISBN : 2551181917

Guide du rédacteur de l'administration fédérale, No. de catalogue S53-8/1983F, ISBN O-660-91030-6, Ottawa, Ministère des Approvisionnements et services Canada, 1992, 218 p.

2. LE RÉSUMÉ

I   POURQUOI, QUAND ET COMMENT ?

1.   Pourquoi fait-on appel au résumé ?

☞   Pour transmettre une information.

☞   Pour conserver l'information et y avoir facilement accès.

2.   Pourquoi le résumé est-il un exercice utile ?

☞   C'est un exercice de **réflexion** qui développe les qualités d'**analyse** et de **synthèse**. Il enseigne à faire la différence entre ce qui est essentiel et ce qui est secondaire, entre l'idée abstraite et l'exemple qui l'illustre.

☞   C'est un exercice qui fournit une **méthode** susceptible d'être utilisée dans n'importe quel cours universitaire et dans la vie professionnelle comme dans la vie privée.

☞   C'est un exercice de **maîtrise de soi** qui exige le **respect de la pensée d'autrui** - quelles que puissent être les opinions personnelles de celui ou de celle qui fait le résumé.

☞   C'est un exercice de **réécriture** : il encourage une réflexion sur les niveaux de langue et le vocabulaire; il exige aussi de prêter attention à l'enchaînement des idées.

3.   Quand fait-on appel au résumé ?

☞   Dans la vie privée pour communiquer oralement ou par écrit un événement, pour faire part d'une conversation, d'une lettre, etc.

☞   À l'université dans toutes les circonstances où il est nécessaire de prendre des notes (cours, exposé, conférence, livre, article, etc.) pour conserver l'information ou la présenter en classe.

☞ Dans la vie professionnelle pour transmettre l'essentiel (ou conserver des informations) d'une entrevue, d'une réunion, d'un entretien, d'un rapport, d'un dossier, etc.

4. <u>Comment fait-on un résumé</u> ?

☞ En rapportant sous forme **condensée** l'essentiel d'un texte.

☞ En restant **objectif(ve)** : il ne faut ni déformer la pensée de l'auteur(e), ni porter de jugement de valeur.

☞ En **reformulant** le texte avec **clarté** et **précision** : il faut se détacher du style et du vocabulaire de l'auteur(e). Le niveau familier et les mots d'argot sont proscrits.

☞ En produisant un texte radicalement **plus court** mais **équivalent** du point de vue des idées.

Il est **primordial de ne pas :**

- reprendre des phrases ou des expressions du texte original
- donner des exemples au lieu d'énoncer les idées
- paraphraser ce qu'a écrit l'auteur(e)
- porter des jugements de valeur sur le texte
- créer un puzzle ou un collage en énumérant des idées sans aucun enchaînement logique entre elles.

ÉTAPES PRÉPARATOIRES AU RÉSUMÉ D'UN TEXTE			
I	II	III	IV
SURVOL	PREMIÈRE LECTURE	DEUXIÈME LECTURE	TROISIÈME LECTURE
Nom de la revue, du journal :	Lecture rapide : déterminer le sens général	Lecture attentive paragraphe par paragraphe	Comprendre le texte dans son intégralité
Date de l'article :	Repérer le plan	Rechercher les mots inconnus dans le dictionnaire	Vérifier le plan
Auteur(e) :		Repérer les mots-clefs : les faire ressortir au crayon-feutre	Revoir la liste des idées principales : est-elle complète après cette dernière lecture ?
Titre :	Sous-titres :	Mettre les exemples entre parenthèses	
Longueur de l'article :	Quels renseignements apportent ces deux derniers éléments ?	Mettre en valeur l'idée principale en la soulignant puis la noter sur une feuille séparée	
Réduction exigée :		Encadrer au crayon les liens logiques et les articulations	

II   COMMENT PROCÉDER AU RÉSUMÉ D'UN TEXTE ?

Celui-ci doit se faire en trois grandes étapes successives :

1.   Comprendre le texte

Après un **survol** rapide qui permet de relever le nom de la revue (du journal), la longueur de l'article ainsi que celle du résumé demandé, il est important de s'assurer que l'on comprend, en détail, les idées exprimées par l'auteur(e). Pour y parvenir il faut, dès la **première lecture**, balayer le texte des yeux et en dégager le sens global en y repérant le titre, les sous-titres, les différents paragraphes ainsi que les mots-clés qui reviennent régulièrement.

Dans la **deuxième lecture**, il est essentiel de reconnaître l'architecture du texte et d'en comprendre l'organisation grâce au repérage du plan, des idées principales et des liens logiques (connecteurs) qui les relient entre elles afin de parvenir à bien saisir le raisonnement de l'auteur(e) ainsi que son message.

Au cours de la **troisième lecture,** il faut s'assurer que l'on comprend dans son intégralité le message de l'auteur(e) en utilisant toutes les informations fournies par le contexte ainsi qu'un bon dictionnaire. Il est aussi utile de souligner les idées directrices exprimées par l'auteur(e) et les grandes articulations de son raisonnement.

2.   Dominer le texte

Une fois dégagées, grâce à des approximations successives, les idées directrices du texte, il faut les organiser de la même façon que l'auteur(e) afin de respecter la logique de son raisonnement.

3.   Réécrire le texte

À partir de la charpente de texte que l'on a en main et qui se compose des idées principales de l'auteur(e) ainsi que des liens logiques qui les relient entre elles, il faut se lancer dans un travail de reformulation et de réécriture au cours duquel on utilise ses propres mots et expressions tout en restant fidèle au texte d'origine.

Il est cependant acceptable de réutiliser certains mots clés que l'on peut difficilement éviter sans risquer de trahir la pensée de l'auteur(e) et de rallonger inutilement le résumé.

Il est bon de garder à l'esprit les deux questions suivantes. Quel est **le but** de l'auteur(e) ? **Comment** l'atteint-il ? Votre résumé doit faire apparaître très clairement la réponse à ces questions.

III   RÉSUMÉS DE PARAGRAPHES

1.   **Après avoir éliminé les difficultés de vocabulaire à l'aide du *Petit Robert* (ou d'un dictionnaire équivalent), repérez les mots et idées clés de ce paragraphe et complétez le résumé que l'on vous propose ci-dessous.**

LA PLANIFICATION
LE PLAN D'ENTREPRISE ET LE FINANCEMENT[1]

Il y a trois personnes auxquelles l'homme d'affaires avisé ne doit jamais cacher sa véritable situation financière : son comptable, son directeur de banque, et lui-même.

Peut-être que le conseil le plus judicieux que l'on puisse donner à un directeur d'entreprise dès le début, c'est de s'en tenir à deux facteurs importants :

1. Retenir les services d'un comptable professionnel qui le tiendra régulièrement au courant de la situation de son entreprise et qui lui fera part immédiatement des problèmes financiers imminents.

2. Établir une bonne relation de travail avec son banquier, pas seulement lorsqu'il prévoit des problèmes, mais dans une perspective de rapports réguliers et suivis.

Ces deux spécialistes pourront l'aider à prendre les décisions appropriées du point de vue financier et des décisions essentielles au progrès continu de son entreprise durant les étapes variées de son développement.

Toutefois, l'adoption d'un programme simple auquel on peut se fier afin de prévoir les besoins de trésorerie et d'en planifier la réalisation, s'avère le meilleur moyen d'atteindre cette clairvoyance indispensable. La confiance des banquiers et des prêteurs de fonds est rehaussée lorsqu'un client présente un programme d'exploitation comme guide sur le rendement réel. En retour, ce programme sert de carte routière aux propriétaires et leur permet de gérer leurs fonds d'une façon plus efficace.

- Mots et idées clés : _____

_____

- Pour réussir, le chef d'une entreprise doit établir puis entretenir des

  rapports _____ et _____ avec son _____ et son

  _____. Le premier devra _____, tout au long

  de l'année, _____ de son entreprise.

  Quant au banquier et futur prêteur de fonds, le dirigeant de l'entreprise

  devra lui montrer ses capacités à bien gérer ses _____ en lui

  présentant _____.

2. **Après avoir éliminé les difficultés de vocabulaire à l'aide du *Petit Robert* (ou d'un dictionnaire équivalent), repérez les mots et idées clés de ce paragraphe et complétez le résumé que l'on vous propose ci-dessous.**

L'AMBITION FÉMININE[2]

Rares sont les moments de l'histoire où l'alliance des deux mots « ambition » et « féminine » n'a pas choqué. Le rejet presque constant de l'idée d'ambition féminine tient à la fois à l'importance accordée à la différenciation des sexes et à la connotation virile de l'ambition.

On s'est toujours efforcé de définir l'homme et la femme en les opposant. Non pour en faire des ennemis, mais au contraire pour mieux les unir dans la complémentarité. À l'homme, la puissance physique, le pouvoir de la raison et la maîtrise du monde. À la femme, la sensibilité, le dévouement aux siens et la soumission. La différence des sexes entraîne une irréductible différence de fonctions dont la transgression est toujours perçue comme une menace. Une femme qui imite l'homme en s'emparant de son rôle, et inversement, apparaît vite comme un danger pour l'ordre du monde et une source de malheur humain. La nature, pense-t-on, ne pardonne pas ces sortes de défis.

- Mots et idées clés : _____

  _____

  _____

- Allier les termes _____ et _____ a _____ choqué et

est encore _____ pour la société qui tient à la _____

entre les _____ et qui se sent menacée par quiconque transgresse

cette séparation.

3. Sélectionnez les mots et idées clés du paragraphe suivant[3] puis proposez-en un résumé d'une seule phrase.

Posons alors la question : la traduction, exercice scolaire pernicieux ? Beaucoup l'ont prétendu. Non sans raisons, admettons-le. Nous restons cependant persuadé que cet exercice, s'il est « raisonné » et s'il arrive à son heure - aux niveaux intermédiaire et avancé d'un enseignement de langue vivante - peut être bien plus qu'un outil révélateur d'interférences et qu'un commode moyen de contrôle : il peut être, surtout, un très efficace instrument d'acquisition de connaissances, linguistiques et culturelles.

- Mots et idées clés : _____

_____

_____

- Résumé : _____

_____

_____

_____

4. Dégagez les idées principales des idées secondaires des deux paragraphes[4] suivants. Faites ensuite le résumé en deux phrases tout en veillant à ne pas trahir la pensée de l'auteur.

Tout se passait comme s'il fallait garder le secret de cet artisanat supérieur, lequel par ailleurs était aussi considéré comme un art, difficile à transmettre explicitement. L'apprentissage de la traduction devait se faire sur le tas, dans la pratique. Ne surnageaient à l'épreuve que ceux qui se révélaient avoir le don. Longtemps la résistance larvée des praticiens a été nourrie d'objections liées à ce courant d'idées, qui vit encore.

Mais l'intensité des communications internationales dans la seconde moitié du XXe siècle a contraint les spécialistes, en face d'auditoires souvent universitaires de plus en plus larges, à venir sur le terrain d'une réflexion théorique. Si l'expression « méthode de traduction » est née voici plus de trente ans sous la plume de Vinay et Darbelnet, l'expression « pédagogie de la traduction » n'a guère qu'à peine quinze ans ou vingt ans.

On peut dire à cet égard qu'on tâtonne encore.

- Idées principales : _____

  _____

  _____

- Idées complémentaires : _____

  _____

  _____

- Résumé : _____

  _____

  _____

  _____

  _____

  _____

  _____

  _____

5. **Sélectionnez les mots et idées clés du texte[5] suivant puis proposez un résumé d'une seule phrase de chaque paragraphe.**

Le français dans le monde

Si le français n'atteint pas par le nombre de ses lecteurs, les sommets de l'anglais, de l'espagnol ou du portugais, il partage avec l'anglais le privilège d'être présent, en tant que langue parlée ou enseignée, vraiment aux quatre coins du monde, dans les cinq continents.

Il faut toutefois ajouter que la situation du français n'est plus ce qu'elle était il y a deux siècles, et les francophones ne peuvent manquer de songer avec un serrement de cœur aux paroles prophétiques du philosophe anglais David Hume en 1767 : « Laissez les Français tirer vanité de l'expansion actuelle de leur langue. Nos établissements d'Amérique [...] promettent à la langue anglaise une stabilité et une durée supérieures. »

On comprendra mieux ce que les mots de Hume avaient de visionnaire si l'on se rappelle qu'au milieu du XVIIIᵉ siècle le français était sans conteste la plus prestigieuse des langues de l'Europe : déjà langue de la diplomatie, ce qu'elle restera jusqu'à la Première Guerre mondiale, elle avait été celle de toutes les cours princières d'Europe – on sait par exemple qu'à cette époque le tsar Nicolas II écrivait à la tsarine en français. Elle avait aussi été celle du « Siècle des Lumières » avant d'être la langue dans laquelle allaient être proclamés les Droits de l'Homme.

Mais David Hume avait vraiment vu juste jusqu'à l'aube du XXIᵉ siècle : ce n'est pas le français, mais l'anglais, et en particulier celui de la science et des techniques développées en Amérique, qui est devenu l'outil indispensable pour toutes les communications internationales.

Le français dans les institutions internationales

Pourtant, et bien que sur le plan de la diplomatie un grand coup ait été porté au français lorsque Clemenceau accepta la rédaction du traité de Versailles de 1919 en deux langues, à la fois en français et en anglais, il ne faudrait pas oublier que le français reste aujourd'hui l'une des langues officielles et l'une des langues de travail dans les grands organismes internationaux : à l'ONU (Organisation des Nations Unies) dont le siège est à New York, à l'OTAN (Organisation du Traité de l'Atlantique) qui siège à Bruxelles et au Luxembourg, ou encore à l'UNESCO (United Nations Educational, Scientific and Cultural Organization), à Paris.

Rappelons aussi qu'à la fin du XIXᵉ siècle, c'est le français qui est adopté comme langue officielle des Jeux Olympiques qui avaient connu un renouveau en 1896 grâce à l'initiative d'un Français, le baron Pierre de Coubertin. Cette place privilégiée, il ne l'a pas perdue, et on a pu remarquer, aux derniers Jeux Olympiques d'Atlanta en 1996, aux Jeux Olympiques d'hiver de Nagano en 1997, et aux Jeux Olympiques de Sydney que le français était constamment présent aux côtés de l'anglais dans les annonces et commentaires de toutes les épreuves et manifestations, en application de l'article 27 de la Charte Olympique qui stipule que les deux langues des Jeux Olympiques sont le français et l'anglais. Il faut ajouter que les Jeux Olympiques sont la manifestation internationale la plus relayée par les médias dans tous les pays.

Le français hors de France

Toujours en bonne place dans les institutions officielles internationales, la langue française y a toutefois perdu du terrain au profit de l'anglais comme langue de travail, mais elle reste la langue officielle, nationale ou régionale, dans de nombreux pays des cinq continents, quoique sa présence s'y manifeste à des degrés divers.

Et tout d'abord en Europe : en France, à Monaco, en Belgique, au Luxembourg, en Suisse, au Val d'Aoste (Italie) et dans les îles Anglo-Normandes (Grande-Bretagne), où elle se trouve cependant, par exemple en Belgique ou en Suisse, en concurrence avec d'autres langues tout aussi officielles. Il faut encore remarquer que malgré ce statut de langue officielle, il est souvent difficile de dénombrer les « vrais » francophones dans certains pays où leur nombre s'amenuise de façon inquiétante : par exemple dans le val d'Aoste, où la pression exercée par l'italien est une menace constante pour la survie du français, ou encore dans les îles Anglo-Normandes, où la langue française ne se manifeste vraiment de nos jours que dans les noms des lieux ou dans ceux des habitants, dont la langue d'usage est l'anglais.

Né sur le continent européen, tout comme l'anglais, le français est une langue qui a su s'exporter.

Le français hors d'Europe

Si le français a pu au début du XVIIe siècle s'implanter très loin de son lieu de naissance, c'est que les populations qui parlaient cette langue avaient non seulement éprouvé la nécessité de partir à la découverte de terres lointaines, mais qu'elles avaient eu le désir de s'y installer et d'y faire souche. L'histoire du français hors d'Europe se confond dès lors en partie avec celles des migrations successives, une première fois sous Louis XIII et sous Louis XIV, avec la conquête des terres en Amérique et aux Antilles, mais aussi plus tard au Sénégal et dans l'océan Indien. Dans cette expansion de la langue française, les missions religieuses ont généralement joué un rôle important.

Sous la IIIe république, l'action des missions religieuses s'est encore renforcée à la fois dans l'Empire ottoman, en Chine et dans les nouvelles colonies, en exerçant par la suite une action culturelle prolongée dès 1883 par la création de l'*Alliance française*.

Au XXe siècle, l'accent a été mis en particulier sur les domaines techniques et scientifiques. L'une des manifestations les plus visibles de cette orientation de coopération culturelle, technique et scientifique été la construction de la « Francophonie » en 1986, dont la mission a été de réunir dans une communauté dite « francophone » un groupe de chefs d'État et de gouvernement de pays « ayant le français en partage ». Malheureusement, les termes *francophone* et *francophonie* présentent à l'heure actuelle un flou sémantique que n'ont pas ceux d'*anglophone* ou d'*hispanophone*.

- Mots et idées clés du paragraphe « Le français dans le monde » :

  _____

  _____

  _____

  _____

- Résumé de ce paragraphe :

  _____

  _____

- Mots et idées clés du paragraphe « Le français dans les institutions internationales » :

  _____

  _____

  _____

  _____

- Résumé de ce paragraphe :

  _____

  _____

- Mots et idées clés du paragraphe « Le français hors de France » :

  _____

  _____

  _____

  _____

- Résumé de ce paragraphe :

  _____

  _____

- Mots et idées clés du paragraphe « Le français hors d'Europe » :

  _____

  _____

  _____

  _____

- Résumé du paragraphe :

  _____

  _____

  _____

6. **Dégagez les idées principales du texte encadré ci-dessous et des parties intitulées « Francophones et francophonie » et « La situation du français en Afrique »**[6]

Francophonie et francophonie

Depuis la création en 1986 des Sommets de la Francophonie, qui réunissent les chefs de gouvernements de pays ayant en commun l'usage du français, une réelle confusion règne quant à la signification à accorder à ces termes.

En fait, la **francophonie** (avec un f minuscule) correspond à l'ensemble des populations dont la langue est le français tandis que la **Francophonie** (avec un F majuscule) désigne tous les pays qui, dans leurs échanges avec les autres pays de la Francophonie, ont « le français en partage », mais dans lesquels la langue française ne jouit pas toujours d'un statut particulier. C'est que la Francophonie a une vocation plus générale, qui se traduit par une coopération culturelle, scientifique et technique concertée.

L'espace francophone, enfin, est un lieu un peu flou, dans lequel se reconnaissent ceux qui, quelle que soit leur origine, adhèrent plus ou moins à la culture francophone et aux valeurs traditionnellement véhiculées par la langue française. Depuis quelques années, on constate que l'espace francophone n'est plus constitué de cercles concentriques ayant la France pour centre, mais de plusieurs pôles d'attraction dans les divers pays faisant partie de la Francophonie.

Francophones et francophonie

Avant d'examiner la situation de la langue française dans le reste du monde, il est nécessaire de s'arrêter à nouveau (cf. encadré Francophonie et francophonie (ci-dessus) sur ces termes *francophone* et *francophonie*, qui prêtent souvent à confusion car la cinquantaine d'États dits *francophones*, en fait ne le sont pas forcément, en ce sens que leurs habitants ne parlent pas tous le français et que la langue française ne jouit pas toujours d'un traitement préférentiel.

Ainsi par exemple, l'île Maurice, le Liban, le Laos ou le Viêtnam font partie des États de la Francophonie mais n'accordent aucun statut particulier au français sur le plan institutionnel dans le pays.

Paradoxalement, l'Algérie, qui ne fait pas partie des États dits francophones, garde un nombre important de locuteurs de français (30 % de francophones « réels » et 30 % de francophones « occasionnels »). Dans ce pays, l'apprentissage du français est obligatoire dès le CM2 (7-8 ans) et l'épreuve du français y est à nouveau obligatoire pour toutes les sections du baccalauréat.

LE FRANÇAIS LANGUE OFFICIELLE

EUROPE
Belgique*, France, îles Anglo-Normandes* (G.B.), Luxembourg*, Monaco, Suisse*, Val d'Aoste* (Italie)

AFRIQUE
Bénin, Burkina Faso, Burundi, Cameroun*, Centrafrique, Congo, Côte d'Ivoire, Djibouti*, Gabon, Guinée, Guinée équatoriale*, Mali, Mauritanie*, Niger, Rwanda, Sénégal, Tchad*, Togo, Zaïre.

AMÉRIQUE
Canada (provinces du Québec* et du Nouveau-Brunswick*), Louisiane* (E-U.), Haïti, Guadeloupe (DOM), Guyane (DOM), Martinique (DOM), Saint Pierre et Miquelon (DOM)

OCÉAN INDIEN
Comores*, Madagascar*, Mayotte (TOM), Réunion (DOM), Seychelles*.

OCÉANIE
Nouvelle-Calédonie (TOM), Vanuatau*, Wallis-et-Futuna (TOM), Polynésie (TOM).

* Sont marqués d'un astérisque les pays ayant d'autres langues officielles en dehors du français.

La situation du français en Afrique

La situation en Afrique illustre de façon saisissante l'ambiguïté qui obscurcit aujourd'hui le terme francophone : on y trouve dix-neuf pays où le français est langue officielle, mais, enseigné partout, il n'y est réellement parlé que par une minorité de la population. Il faudrait cependant signaler qu'il existe aussi un petit nombre d'Africains qui n'ont parlé que le français depuis leur naissance.

Par ailleurs, et paradoxalement, dans les trois pays du Maghreb, où la seule langue officielle est l'arabe, le français est parlé par plus de 30 % de la population.

- Premier encadré : idées principales

_____

_____

_____

_____

- « Francophones et francophonies » : idées principales

_____

_____

_____

_____

- « La situation du français en Afrique » : idée principale

_____

_____

_____

_____

IV   RÉSUMÉS D'ARTICLES

Nous allons, dans cette partie, montrer comment procéder pour parvenir à résumer, de façon exacte et efficace, des articles de journaux ou de magazines.

À partir des quelques articles suivants, nous procéderons donc aux grandes étapes que nous avons déjà mentionnées : comprendre l'article, le dominer puis le réécrire.

1.   « Au commencement était le kleenex » [7]

Quand ils étaient enrhumés, les Chinois d'outre millénaire faisaient comme nous. Ils se mouchaient dans des mouchoirs en papier (de riz) qu'ils jetaient après usage. Mais en Perse, au VIe siècle avant J.-C., Cyrus interdit cette pratique vulgaire en public. La plèbe grecque ou romaine fait plus simple : le quidam renifle dans sa manche, tandis que les femmes sèchent leurs larmes dans leurs voiles. Dans les mondanités, les tribuns et les patriciens portent eux, autour du cou et à la main, la serviette d'apparat réservée au « beau linge ». L'orarium et le sudarium, en somptueux tissu parfumé, leur servent à s'essuyer la bouche ou le visage. Sous le règne d'Aurélien, les spectateurs « applaudissent » leurs acteurs-cultes au théâtre en agitant leur mouchoir coloré. C'est festif et païen. Ce bout d'étoffe change d'office à l'église. En mémoire de sainte Véronique, qui épongea le visage du Christ montant au Calvaire, le clergé médiéval consacre le linge liturgique qui couvre le calice. À la même époque, les festins font figure de grand-messe où chacun mange et se sert avec les doigts...qui pressent aussi le nez pour se moucher.

Au XIIIe siècle, un traité de savoir-vivre italien prohibe ces mauvaises manières à table, le mouchoir de propreté et la fourchette instaurent un nouveau catéchisme de bon temps.

La coquetterie aidant, une Vénitienne de haute naissance lance la mode du carré en lin garni de dentelles. Dès le XVe siècle, la noblesse française s'arrache ces « pleuroirs » tandis qu'à la cour d'Anjou le roi René offre à la gent féminine des « esmouchauds » en satin vert ou en velours noir. Du temps de Velásquez, ce symbole de prestance royale apporte la touche finale aux portraits de l'infante d'Espagne ou Anne d'Autriche qui posent un mouchoir dans la main gauche, tandis que les maîtres de danse enseignent aux débutantes l'art de le tenir avec grâce. Mais, en langage amoureux, le laisser choir invite un galant sur le monde du « suivez-moi jeune homme».

Objet de cœur, le mouchoir parfumé « de Vénus » s'échange entre amants. Ce signe discret d'intimité, qui trahit les amours clandestines, devient le présent favori des rois. D'une méprise, Shakespeare fait un drame. Lorsque Desdémone égare son mouchoir, Orhello, tout de jalousie, étouffe son épouse soupçonnée d'infidélité. Molière, lui, raille l'hypocrisie de la « modestie » en linon couvrant les décolletés profonds. « Cachez ce sein que je ne saurais voir » ordonne Tartuffe à Dorine.

Des bourgeois aux paysans, le mouchoir utilitaire à carreaux, à rayures ou en madras des Indes pénètre dans le tissu social à partir du XVIIIᵉ siècle. Les femmes du peuple le portent autour du cou, alors que les ouvriers le nouent autour de la tête. En 1793, le mouchoir de Cholet rouge sang servira d'étendard aux Chouans. Au siècle de Zola, les pyramides de mouchoirs qui inaugurent la « saison de blanc » dans les grands magasins font le bonheur des dames.

Le mouchoir vole au secours de la victoire pendant les guerres de 1880 à 1945. Ce mémento textile, imprimé de cartes de géographie ou de notices de maniement d'armes, est l'arme secrète des soldats français. D'autres hasards de guerre vont rendre aux mouchoirs, leur papier d'origine. Dans l'Amérique de 1924, les scrupules militaires de pansements en « cellucotton » sont recyclés en tissus démaquillants. Surprise : les marins les chipent pour se moucher. En 1930, le « kleenex » est lancé. « Plus de lavages, plus de microbes », la publicité fait s'envoler les ventes du premier mouchoir jetable en papier. Le kleenex entrera dans le vocabulaire courant dans toutes les langues. Depuis, les « Lotus », « Tempo » et les autres lui disputent le marché. Résultat : les Français consomment 343 mouchoirs en papier par an (étude Usage et Attitudes 2000). Cependant, 23% d'entre eux contre 16% des Européens lui préfèrent les bons vieux classiques en batiste ou tout coton (Nielsen, 2000). Les dandys, les antigaspi à la fibre écolo et autres conservateurs de la même étoffe qui font un pied de nez à la société de consommation semblent prouver que le mouchoir à tissu n'est pas encore bon à jeter.

1. **Comprendre l'article :**

Faites ressortir (en les soulignant ou à l'aide d'un crayon feutre) les mots et idées clés des cinq parties du texte.

1.2 **Dominer l'article :**

Faites la liste des idées principales des cinq parties de l'article et essayez de les relier logiquement entre elles.

_____

_____

_____

_____

1.3 **Résumé**

Après avoir relu les idées principales de chacune des parties de cet article, faites-en un résumé succinct ne dépassant pas cent mots.

_____

_____

Les Mayas accros de longue date au chocolat[8]

Par Caroline de Malet

Le Club des croqueurs de chocolat vient de prendre un coup de vieux. Charles Quint n'a pas été le premier, loin s'en faut, à se délecter le palais avec le cacao, grâce à la cargaison qu'a expédiée au roi d'Espagne au début du XVIe siècle le conquistador Hernan Cortes. Et pour cause, les premiers amateurs de chocolat et la « chocolatomanie » remontent à 2 600 ans. Tel est du moins ce que démontrent les travaux des chercheurs américains, qui ont trouvé des traces de cacao dans des poteries maya en Amérique centrale.

W. Jeffrey Hurst, chercheur au Hershey Food's Technical Center à l'université Hershey en Pennsylvanie (Hershey est une marque de chocolat), et ses collègues du département d'anthropologie de l'Université du Texas, dont les travaux ont été publiés hier dans la revue *Nature* (1), ont analysé quatorze poteries provenant de tombes du site maya à Colba, au nord de Belize.

L'équipe d'universitaires a eu recours à des techniques pointues comme la chromatographie de masse pour traquer d'éventuelles traces de cacao. Ces derniers ont ainsi détecté de la théobromine, une des 500 substances du cacao, composé de la famille des méthylxanthines qui se trouve uniquement dans cette plante en Amérique centrale.

Or ces plats, chocolatières et bols datent de 600 avant Jésus-Christ. De quoi démontrer que « *l'histoire du chocolat a un millénaire de plus que ce que l'état des connaissances laissait supposer jusqu'à présent* » souligne Jeffrey Hurst. Des études antérieures datant de 1988 et 1989, avaient en effet montré la présence du cacao dans la vaisselle découverte dans une tombe datant de la période pré-classique (460 à 480 après Jésus-Christ), sur le site de Rio Azul au nord-ouest du Guatemala.

Le fascinant peuple maya, venu d'Asie par le détroit de Béring, qui a inventé le zéro - que ne connaissaient ni les Romains ni les Grecs – et figuré parmi les pionniers de l'astronomie avant de disparaître brutalement au Xe siècle, est réputé comme un grand amateur de cacao. Cette étude montre d'ailleurs que cette région du nord de Belize a figuré parmi les principales zones de production de cacao à l'époque. Est-ce parce que *Theobroma*, le nom savant du cacao, signifie, en latin, « nourritures des dieux »? De quoi séduire ce peuple mystique, qui a érigé des temples magnifiques et pratiqué de sanglants sacrifices humains.

Si l'on en croit d'autres études portant sur la vaisselle datant de 250 à 900 après J.–C., ainsi que les traces écrites de l'époque des conquistadors, la boisson chocolatée était chez les Mayas, versée plusieurs fois d'un récipient vers un autre, jusqu'à la formation d'une mousse au chocolat, considérée par les Mayas et les Aztèques comme la forme la plus fine de cette boisson.

À l'époque des conquistadores le chocolat était consommé non seulement sous forme de boisson, souvent mélangé à d'autres ingrédients, comme l'eau, la farine de maïs, le piment ou le miel, mais également dans la plupart de leurs préparations culinaires.

Dans la même revue *Nature*, l'équipe américaine du Pr Daniele Piomelli, de l'Institut des neurosciences de San Diego, racontait en 1996 la découverte de molécules chimiques (N-arcyléthanodamines) qui placent le chocolat dans la droite ligne des drogues illicites que sont marijuana, chanvre indien et autre cannabis.

L'envie de chocolat, que certains décrivent comme un véritable état de manque, imite les effets psychoactifs du cannabis sur le cerveau et intensifie les effets agréables du chocolat bien connus des « accros »… depuis au moins 2 600 ans.

2.1   Comprendre l'article :

Faites ressortir (en les soulignant ou à l'aide d'un crayon feutre) les mots et les idées clés du texte.

2.2   Dominer l'article :

Faites la liste des idées principales.

_____

_____

_____

_____

2.3   Résumer l'article :

Faites le résumé de ce texte en ne dépassant pas cent mots.

_____

_____

_____

_____

_____

_____

1. **Rétrospective de la situation linguistique au Québec dans les années 90 : « Qui donc a tué le joual ? »** [9]

QUI DONC A TUÉ LE JOUAL ?

De Luc Plamondon à Denys Arcand, écrivains, chanteurs et cinéastes réinventent la langue. Chacun à sa manière.

par Hélène de Billy

On n'écrit plus en joual au Québec. La mode est passée depuis 15 ans. Bien sûr certains personnages commandent parfois une langue plus crue, mais l'ère du joual à tout prix est terminée. « Écrire mal dans un but politique avait du sens en 1970, dit Christian Mistral. Mais je suis bien content de ne pas avoir eu à le faire. »

Mistral a 26 ans, du talent et un ego grand comme une église. Sa passion pour la littérature est totale. À la question, dans quelle langue écrivez-vous ? Il répond par un geste large, un sourire carnassier, et un court texte dactylographié de quatre paragraphes :

> « Les écrivains de ma génération font flèche de tout bois et vivent en bonne intelligence avec leur matériau (élastique) de base, empruntant si besoin est à l'argot parigot, au *slang* sudiste ou aux terminologies culinaires et scientifiques. Si besoin est, ils n'hésitent pas à forger eux-mêmes les mots qui leur manquent. »

> Un petit manifeste. Mais des néologismes et des parisianismes, on peut en ajouter à l'infini. Jusqu'où l'écrivain doit-il aller ? Mistral penche sa tête.
> « On se pose toujours la question. La plupart du temps, on se fie à son instinct. »

Il fut un temps où l'on aurait préféré écrire en iroquois plutôt qu' « en français de France ». Cette idée d'une langue distincte a dominé toute l'idéologie du joual. « Une façon de se soustraire à la concurrence, dit Yves Beauchemin. En écrivant en joual - qui ne désigne pas l'ensemble de la langue parlée mais plutôt l'argot du sous-prolétariat montréalais - tu évites la compétition avec Victor Hugo. » Pour l'auteur du *Matou*, le gros changement est survenu avec la loi 101. « Depuis 1977, le français a quitté sa niche misérabiliste. »

Dès 1975, le poète et futur ministre Gérald Godin avait senti le vent tourner. « L'après-joual par excellence, décrétait-il alors, c'est Sol. » Selon Godin, dont on a pourtant dit qu'il a écrit les plus beaux vers en joual, le clown blanc incarné par Marc Favreau a eu le mérite de « remettre le joual à sa place, qui est d'occuper un fauteuil dans la salle avec les autres niveaux d'expression littéraire québécois. »

Aujourd'hui, les jeunes écrivains sont surtout préoccupés de concurrencer la télévision et ses images. Leur approche du langage s'en ressent. Le culte du français, très peu pour eux. La religion du joual, rien à foutre.

Mistral et les autres proposent plutôt une liberté bien ordonnée dont la règle de base est la maîtrise de la langue « qu'il faut acquérir pour mieux oublier. »

Tout le monde n'a pas la fougue d'un Mistral. Mais chaque fois qu'un auteur prend la plume au Québec, la question de la langue se pose. Daniel Lavoie n'y échappe pas. Depuis quelque temps, le chanteur compositeur travaille ses couplets en collaboration avec un Français, Thierry Séchan, le frère de Renaud. Séchan a-t-il influencé sa façon d'écrire ? « Non, dit-il, même si le contact avec une autre culture apporte toujours de nouvelles couleurs à ta palette. »

Né dans un petit village français du Manitoba, Lavoie, qui est connu maintenant dans toute la francophonie, tient à rester fidèle à lui-même : il n'a jamais fait grand usage du joual et se méfie des expressions dernier cri. « Pour moi, une fin de semaine ce n'est pas un week-end. » Il préfère rester, insiste-il, dans les limites de son propre langage... que parfois il trouve étroites. Car il y a des mots là-bas qui lui font terriblement envie : « Par exemple, les Français ont 35 façons de dire « ma blonde », des expressions très imagées dont j'aimerais me servir. Mais généralement je laisse tomber parce que ça sonnerait faux. Oui, c'est frustrant. »

Le dilemme est là. Le Québec veut être compris du reste du monde mais sans se trahir. Il s'agit de se créer une personnalité linguistique à partir aussi bien de la langue familière que de tournures plus littéraires. L'après-joual est un vaste chantier où cohabitent non seulement plusieurs accents et niveaux de langue mais aussi différentes philosophies.

Il n'y a pas de règle. C'est une vieille caractéristique de la langue française en Amérique. Les Québécois n'ont jamais aimé se faire dire comment parler ou comment écrire. Cela dit, certaines campagnes ont porté fruit. Et si l'on en croit Pierre Bourgault - dans son fameux spot publicitaire parrainé par la CSN - la qualité de la langue (purgée entre autres des *brakes,* des *tires* et des *bumpers*) s'est grandement améliorée. Mais il y a une limite au-delà de laquelle le message ne passe plus. Et s'il y a toujours quelqu'un pour proposer une norme, il y a aussi toujours une meute enragée pour l'accueillir.

Dans une société où la familiarité est pratiquée comme un art de vivre, on se méfie des intellectuels. Tant qu'il est resté confiné aux cercles littéraires, le débat autour du joual est demeuré passablement sans écho. Mais au tournant de la décennie 70, les rockeurs - et autres chanteurs - prennent l'affaire en main. Ce sont eux qui sortiront le débat de sa tour. Chantant Rimbaud, Ducharme et Gauvreau, Robert Charlebois a plus que quiconque signé cette époque de libération. Depuis, chacun y va de sa manière.

Si Jean Leloup sonne plus parigot (ou nord-africain) que lavallois ou rimouskois, c'est qu'il a beaucoup voyagé. Si Richard Desjardins, au contraire, utilise la langue crue des *lounges* de son Abitibi natal, c'est qu'il veut témoigner. L'auteur de *J'ai couché dans mon char* dont le succès a pris tout le monde (y compris lui-même) par surprise l'automne dernier, n'utilise pas le mot joual. Il dit *slang*. Desjardins a une double personnalité : western et française. En spectacle, il récite François Villon mais il chante Val-d'Or, les fumées de l'usine, les journées d'errance. « J'utilise le *slang* par souci de réalisme et non dans un but politique. Il y a quelque chose de l'époque que je veux faire passer. Peut-être pour qu'on sache plus tard... Parce que si tu prends les enregistrements des années 30, à part la Bolduc, tu ne retrouves rien qui rappelle véritablement la vie d'alors. »

Mais le Québec ne chante pas toujours comme il parle, surtout au rayon de la musique populaire. Rudi Caya par exemple, auteur de tous les textes du groupe pop-rock Vilain Pingouin, a suivi un drôle d'itinéraire linguistique. Pendant près de 10 ans, il n'écrivait qu'en anglais. « Je n'avais pas de modèles. Beau Dommage ne me disait rien. Plume, j'aimais bien. Mais l'accent, c'est souvent comique, et moi, je préférais un rock plus carré, moins humoristique. Et je trouvais le français beaucoup trop folklorique. » Mais Caya a découvert Renaud et... Cyrano.

Bref, il a renoué avec une langue qu'il trouve par ailleurs difficile à travailler. « J'ai trouvé ça plus *tough* qu'en anglais. Mais c'tun *challenge.* » Résultat ? Des chansons souvent sensibles et des couplets bien tournés dans un français... épuré. « Parce que si je chantais comme je parle, ça serait pas fameux. Je mange mes mots. Je parle mal. »

Si plusieurs se fixent des « paramètres », d'autres préfèrent jouer sur tous les tableaux. On pense à Sol, le maître des calembours poétiques. On pense au parolier Luc Plamondon dont les chansons - uniques en leur genre - collent cependant à chacun de ses interprètes (français, québécois, rock, pop). Plamondon fait rimer *big shot* avec Don Quichotte, torvis avec Elvis, Louis XVI avec... *king size* ! Ce n'est pas du joual, ce n'est pas de l'argot, c'est un langage urbain qui repose sur des mots clip, des mots mutants, des mots passe-partout comme feeling, ego, syncro, tempo, zéro, camaro. Bien sûr il ne met pas les paroles de Diane Dufresne dans la bouche de Barbara. Mais il fait dire à Julien Clerc qu'il a un coeur de rockeur et confie à Françoise Hardy des *flashbacks* en Cadillac. Pendant ce temps, Charlebois est passé au *body building*. Sans qu'il y paraisse, Plamondon donne l'Amérique à la France et la France aux Québécois.

Mais tout cela ne tombe pas du ciel. Si Plamondon est devenu un virtuose des niveaux de langue, écrit Jacques Godbout dans un livre qu'il lui a consacré, c'est « parce que le Québec est un laboratoire unique en ce domaine. » Ici, dans un studio de télévision, un éclairagiste n'utilise pas le même niveau de langue que le présentateur de nouvelles, lequel ne s'exprime pas de la même manière une fois les projecteurs éteints.

Pour un scénariste, tout ce bazar est « affolant », dit Denys Arcand. Le réalisateur du *Déclin de l'empire américain* brosse un tableau particulièrement sombre de la situation. Pour lui, le Québec ne possède pas de langue ou sinon « une langue très larvaire, à moitié définie, dont les problèmes d'utilisation sont terribles. »

La difficulté, dit-il, vient de l'écart qui existe entre langue parlée et langue écrite. Voilà pourquoi il est si ardu de mettre des dialogues dans la bouche d'un Québécois (Comment tu vas ? Ça vas-tu ? etc.) Alors que pour les Français et pour les Américains, ça va tout seul. Évidemment, il y arrive. Selon Yves Beauchemin, Arcand aurait même « trouvé la solution parfaite » dans ses films. Mais le cinéaste a l'impression d'une implacable injustice. Fataliste, il ajoute qu'on ne peut rien y faire. « C'est comme cela et ça ne changera pas de mon vivant. »

Le théâtre a épousé chaque soubresaut du débat sur la langue. Plus ou moins inféodé à Paris jusqu'à la Révolution tranquille, il est devenu le porte-étendard des plus féroces apôtres du joual durant la décennie 70. Puis, revirement total, les dernières années ont vu la scène québécoise émigrer vers une symbolique de plus en plus universelle qui a culminé par la grande vogue du théâtre d'images, parfois polyglotte, souvent exportable (et exporté).

Mais l'après-Meech semble avoir endigué quelque peu le courant. Actuellement les discussions sans fin sur la façon de traduire les pièces étrangères donnent parfois l'impression d'un retour en arrière. En deux mots, la question est de savoir si le personnage principal de *La Ménagerie de verre* de Tennessee Williams doit s'exprimer comme Junior dans *L'Héritage* ou plutôt employer une langue neutre qui risquerait de masquer ses origines plébéiennes. Les traducteurs, au grand dam de plusieurs spectateurs, optent généralement pour la solution « Junior ».

La nouvelle vague de nationalisme risque-t-elle de nous ramener à des pratiques (ou à un esprit) joualisantes ? « Non, dit le metteur en scène Lorraine Pintal. Même si on assiste à un besoin de réaffirmer une identité nationale, on ne perdra pas nos acquis, notre ouverture sur le monde. J'en suis convaincue. »

Un coup d'œil sur le calendrier montréalais suffit pour le confirmer : le théâtre continue de jouer sur plusieurs tableaux. La saison dernière, les producteurs allaient du langage fleuri de Monique Leyrac dans *Sarah et la Bête* jusqu'au joual mur à mur d'*Hosanna*, en passant par la langue très classique de *La Religieuse portugaise*, et la langue familière de *La Farce de l'âge*, une comédie de mœurs qui reflétait toutes les nuances de la langue « moderne » des baby-boomers, farcie de jargon universitaire et de slogans publicitaires. Il y avait aussi le langage compassé des *Reines*, la dernière pièce de Normand Chaurette, et la langue de Bernard-Marie Koltès - un auteur français contemporain - dont les dialogues poétiques portaient le cachet de leurs origines parisiennes.

À cela, il faut ajouter tous les Claudel, Hugo, Musset et autres Molière à l'affiche cette année, sans oublier le théâtre Ubu dont l'interprétation des textes de Beckett ou de Queneau sont si peu couleur locale « que même les Français ne s'aperçoivent pas qu'on est Québécois », dit Danièle Panneton qui est de tous les spectacles Ubu...

Au cinéma pendant ce temps, on parlait beaucoup de *La Liberté d'une statue* d'Olivier Asselin, un film qui avait la particularité de ne s'appuyer sur aucune référence locale même s'il a été tourné au Québec par des Québécois.

Deux rues plus loin, *Une histoire inventée*, l'excellent film d'André Forcier, prenait le parti inverse. Si bien que Louise Marleau, sa vedette principale, a dû laisser sa belle diction au vestiaire. Et *Parfaitement normal*, d'Yves Simoneau, a été entièrement tourné... en anglais !

Mais revenons à Asselin, dont le film reflète un parti pris total en faveur du dépaysement. *La Liberté d'une statue* raconte une histoire qui se passe au 19e siècle et met en scène l'inventeur - français - du phonographe, Charles Cros. Le narrateur a un accent allemand, l'actrice principale récite du José Maria de Heredia, pendant que son compagnon cite Flaubert ou évoque Voltaire. « J'avais le goût de cette langue poétique, romantique, vieillotte et belle. » Il n'a pas hésité, d'autant plus que ce film - son premier - n'avait pas au départ de visées commerciales. « Je me suis approprié toute la culture française. »

Olivier Asselin, qui a 30 ans, enseigne l'histoire de l'art à l'Université d'Ottawa. De son séjour à Paris, où il a complété son doctorat, il a conservé un léger accent pointu.

« Mon grand-père est né rue Fabre et parle comme un personnage de Michel Tremblay. Mes parents ont hérité cet accent qui s'est érodé, surtout depuis qu'ils ont séjourné à l'étranger. Mon accent fluctue en fonction des lieux et des situations. Et je n'y vois aucun problème. »

Il arrive qu'on lui reproche ses tournures de phrases un peu empruntées. Ça le blesse. « À un moment donné, il fallait dire qui nous étions, l'idéologie du joual était nécessaire, mais dans le Québec multiethnique actuel, après avoir fortement incité les immigrants à apprendre le français, définir l'identité par l'accent est profondément réducteur. » Olivier le francophile continuera donc à faire des films dont la texture linguistique reflète les mille et une variantes qui traversent son champ auditif.

Comme le dit son personnage en découvrant l'ancêtre de l'enregistreuse : « Nous sommes tous des paléophones, semblables à cette machine qui répète ce qu'elle a entendu. »

3.1 Comprendre l'article

Une fois que l'on s'est assuré(e) de bien comprendre l'intégralité du message exprimé, il est utile de dresser la liste des idées présentées par l'auteure, tout en n'hésitant pas à réutiliser ses mots et expressions.

Liste des idées présentées dans l'article :

- On n'écrit plus en joual (argot du sous-prolétariat montréalais) au Québec.

- Les écrivains vivent en bonne intelligence avec leur matériau.

- Le grand changement est survenu en 1977, avec la loi 101 ; le français a quitté sa niche misérabiliste.

- L'après-joual : c'est Sol qui a remis le joual à sa place en lui faisant occuper un fauteuil au milieu des autres niveaux d'expression littéraire québécoise.

- Les jeunes écrivains veulent concurrencer la télévision et s'intéressent à bien maîtriser la langue.

- Les chanteurs, comme Daniel Lavoie, n'échappent pas à ce phénomène.

- Celui-ci, comme bien d'autres, connaît le dilemme suivant :

  - le Québec veut être compris du reste du monde mais sans se trahir
  - le Québec veut se créer une personnalité linguistique à partir aussi bien de la langue familière que des tournures plus littéraires.

- L'après-joual est un vaste chantier où cohabitent plusieurs accents et niveaux de langue ainsi que différentes philosophies.

- Le débat autour du joual qui n'intéresse que les intellectuels est repris, dans les années 70, par les rockeurs qui le libèrent.

- Luc Plamondon écrit des chansons uniques en leur genre où les paroles collent à chacun de ses interprètes. Ce n'est pas du joual, ni de l'argot, mais plutôt un langage urbain. Il est un virtuose des niveaux de langue.

- Le théâtre aussi a épousé les soubresauts du débat sur la langue :

  - d'abord inféodé à Paris
  - puis le porte-étendard des apôtres du joual
  - il s'intéresse maintenant à une symbolique plus universelle.

- La vague nationaliste actuelle va-t-elle ramener le théâtre à des pratiques joualisantes ? Il semblerait que malgré le besoin de réaffirmer son identité nationale, il faut continuer à s'ouvrir sur le monde.

- À Montréal on voit des pièces de tous les genres (langage fleuri, joual dur, langue classique, familière, publicitaire, parisienne...)

- Au cinéma, on constate la même tendance puisque les films actuels sont de genres bien différents.

- Cette tendance est adoptée par un jeune cinéaste québécois, Olivier Asselin qui, dans le Québec multiethnique actuel, cherche à s'approprier toute la culture française et utilise une langue dont la texture linguistique reflète les mille et une variantes qui traversent son champ auditif.

3.2   Dominer l'article

À ce stade du travail, il faut sélectionner dans la longue liste des idées abordées par l'auteure, celles qui sont les plus importantes, et les reconstituer en une deuxième liste plus sommaire. Il faut ensuite les organiser de façon cohérente, afin de rester fidèle à la logique de son raisonnement.

Dans le cas de ce texte, le travail est facilité par le fait que l'auteure a très clairement organisé son article si bien qu'il suffit de suivre les grandes lignes de son plan.

Exercice

Faites la liste plus sommaire des idées de l'article.

3.3   Réécrire l'article

À partir des idées retenues, livrez-vous à un travail de reformulation et de réécriture au cours duquel vous exprimerez, dans vos propres mots, les idées de l'auteure.

Exercice

Réduisez cet article à un résumé qui ne dépassera pas deux cents mots.

_____

_____

_____

_____

_____

_____

_____

_____

4. **Un problème toujours d'actualité : « L'esclavage en liberté »**[10]

L'ESCLAVAGE EN LIBERTÉ

Des millions d'adultes et d'enfants achetés et revendus. Le commerce des humains est plus florissant que jamais.

par Véra Murray

La police indienne découvre dans une usine de tissage de tapis, à Mirzapur, dans l'État d'Utar Pradesh, une trentaine de garçons de 5 à 10 ans travaillant dans des conditions atroces, 18 heures par jour. Les enfants, tous des hors-caste intouchables originaires de l'État le plus misérable de l'Inde, le Bihar, ont été amenés à l'insu de leurs parents par un « recruteur » qui leur avait fait miroiter la possibilité de gagner deux roupies (25 cents) et trois repas par jour. Mais l'argent ne se matérialisera jamais, ni les repas copieux, et toute désobéissance sera punie à coups de bâton. Un enfant qui s'endort à l'ouvrage est marqué au fer rouge ! Même l'Inde, qui pourtant ne s'émeut pas facilement, est secouée…

Cinq petites prostituées thaïlandaises âgées de 15 ans meurent dans un incendie, dans la province touristique du Phuket. La police découvre que les jeunes filles ont été achetées à leurs parents, dans un village éloigné du Nord-Est, pour environ 6 000 bahts (40 dollars) chacune, pour du travail « non spécifié » dans le Sud. Peu après son départ, une des filles écrit à sa mère que son employeur l'oblige à se prostituer et que la seule façon de se racheter est de payer 15 000 bahts. Mais la famille avait déjà dépensé l'argent payé par le recruteur, et pour la fille, avec 5 à 10 clients par jour à 10 bahts, il était exclu de racheter elle-même sa liberté.

Nos esprits occidentaux enregistrent et s'émeuvent brièvement, puis relèguent ces nouvelles dans la catégorie « problèmes ahurissants mais incompréhensibles du Tiers-Monde. » Certains tirèrent leur chéquier, pour envoyer un don à une organisation d'aide internationale. Mais qui entendit parler, fin juillet, en pleine période de vacances, du rapport du Groupe de travail des Nations Unies sur l'esclavage, présenté à Genève devant la Commission des droits de l'homme ? Ce rapport, auquel des spécialistes internationaux travaillaient depuis 1974, avait pourtant de quoi secouer notre bonne conscience !

Les cas d'esclavage d'enfants indiens ou thaïlandais ne sont guère isolés, selon le rapport. Le commerce des humains n'appartient pas au passé, et ne se limite pas au Tiers-Monde. Il représente une réalité économique qui touche, encore aujourd'hui, des millions de personnes à travers le monde. Au moins 500 000 êtres humains vivent encore dans l'esclavage, carrément possédés par un propriétaire qui peut les revendre à sa guise ; à la naissance, leurs enfants deviennent automatiquement propriété du maître. Des dizaines, voire des centaines de millions d'autres individus parmi les plus misérables subissent des formes modernes d'asservissement : le servage pour dettes, le travail des enfants, et aussi la prostitution, surtout lorsqu'elle implique des mineurs. Chiffres incroyables : 52 millions d'enfants sont au travail forcé, plus de deux millions sont contraints de se prostituer.

La plus ancienne et la plus prestigieuse des organisations de défense des droits de l'homme, qui font chaque année le pèlerinage de Genève pour présenter des rapports à la Commission des Nations Unies, est une institution bien britannique, la Société anti-esclavage de Londres.

« Nous piquons au vif les pays dénoncés, et leur première réaction est de tout nier. Ou bien, s'il s'agit d'une ancienne colonie, ils affirment que de toute façon, tout cela est de notre faute puisqu'il s'agit de vestiges du colonialisme... Il reste que le monde compte aujourd'hui plus d'esclaves qu'au moment de la fondation de la Société, en 1839 ! » dit Alan Whitaker, un des huit permanents de la Société, présidée par un descendant du fondateur, Lord Wilberforce, et qui compte 1 200 membres dans une trentaine de pays.

« Nous faisons préparer chaque année toute une série de rapports détaillés par des personnes qui, dans la plupart des cas, habitent le pays concerné. À Genève, notre travail n'est pas toujours apprécié, c'est le moins qu'on puisse dire ! Mais aucun pays n'aime la mauvaise publicité, et la plupart feront des efforts considérables, même si ce n'est que de façade, pour échapper à la réprobation internationale. »

La Société anti-esclavage est considérée comme le « spécialiste mondial » du travail des enfants. À la session de juillet 1984 de la Commission des droits de l'homme, ses rapports portaient des titres éloquents : « Exploitation sexuelle des enfants », « Enfants, travailleurs domestiques en Amérique latine », « Travail des enfants dans les plantations »... Ces textes complétaient une série d'études sur le travail des enfants dans plusieurs pays sous-développés et occidentaux, publiées par la Société depuis 1980.

Nok Trian, un village de huttes de boue au nord-est de la Thaïlande, à la frontière cambodgienne, est devenu synonyme du commerce d'enfants. La misère y est si grande en 1981 (50 000 enfants sont morts de faim en Thaïlande), que beaucoup de parents se résignent à vendre leur enfant, pour quelques dizaines de dollars, à des recruteurs d'agences de placement clandestines de Bangkok. Les marchands d'enfants, eux, les revendent jusqu'à 200 dollars aux propriétaires de manufactures illégales. La prime est plus forte quand il s'agit de filles, qui passent pour plus dociles que les garçons et cherchent moins à s'enfuir. Plus d'un million d'enfants de 7 à 15 ans travaillent ainsi en usine dans la mécanique, le textile, l'industrie alimentaire, 12 heures par jour ou davantage. Souvent, les agences de placement ou les employeurs sont en même temps des pourvoyeurs de réseaux de prostitution. On estime à 30 000 le nombre de prostituées de moins de 16 ans qui travaillent dans les fameux salons de massage de Bangkok. (Au total, il y aurait dans ce pays plus d'un million de prostituées).

La situation n'est pas très différente, à Manille, aux Philippines, et au Sri Lanka, deux véritables *sex spots* de l'Asie. On peut y voir tous les jours des dizaines de prostituées enfants, garçons ou filles, en quête de clients dans les endroits touristiques des capitales. Ces enfants travaillent dans des réseaux soumis à la loi des *gangs*, qui les récupèrent à la sortie de maisons de redressement. (L'an dernier, la police australienne a découvert que des membres d'un groupe appelé Australian Pedophile Support Group avaient eu des rapports sexuels aux Philippines avec de jeunes garçons qu'ils parrainaient par l'intermédiaire d'une sérieuse organisation internationale d'adoption !)

L'Inde serait le pays qui compte le plus grand nombre d'enfants qui travaillent : 16,5 millions, entre 5 et 14 ans. Il s'agit surtout d'enfants de paysans sans terre qui viennent en ville chercher du travail et s'installent dans un de ces incroyables bidonvilles qui parsèment les grandes agglomérations de l'Inde. Ils fabriquent des cigarettes, cirent les chaussures, vendent des journaux et des légumes, travaillent comme tisseurs ou mécaniciens ou dans les briqueteries. Leur salaire, si misérable soit-il, est un appoint essentiel pour leurs familles.

À vrai dire, la liste des pays coupables est interminable. Au Maroc, ce sont des petites filles qui travaillent à partir de sept ans jusqu'à 12 heures par jour dans des manufactures de tapis. Les ateliers de tissage sont souvent situés, d'une manière commode, à côté des bidonvilles qui regorgent de cette main-d'œuvre habile et très bon marché qui, de toute façon, ne va pas à l'école, où on n'a pas de place pour tous les enfants. L'exploitation de la main-d'œuvre enfantine est monnaie courante dans les plantations de thé, de café ou de canne à sucre du Mexique, du Brésil, de la Malaisie, du Sri Lanka et de l'Inde. Les conditions de vie y sont souvent aussi pénibles qu'au XVIIIᵉ ou XIXᵉ siècle !

À Colombo, à Rio, au Caire, à Tunis, dans toute l'Afrique du Nord, on trouve des bonnes à tout faire en situation de quasi-servage, arrivant du fond des campagnes bien avant l'âge de 15 ans pour servir chez la bourgeoisie des villes. Une bourgeoisie qui veut être servie comme les anciens colonisateurs ou les grands propriétaires terriens, mais qui n'a pas les moyens de se payer de vrais domestiques. En Bolivie ou en Colombie, il est courant que de petites Indiennes soient « adoptées » dès l'âge de trois ans par des familles blanches, en réalité pour travailler. En Amérique latine, les prostitués les plus appréciés ont de 10 à

14 ans. Au Brésil, par exemple, une fille de 12 ans peut gagner, selon son physique, et les services qu'elle peut rendre, jusqu'à 4 000 cruzeiros (600 dollars) par mois, plus de 10 fois ce qu'un homme adulte peut gagner en suant dans une usine. Pour cette raison, il n'y a souvent guère d'espoir de la sortir de la prostitution.

Leah Levin, spécialiste du travail des enfants et consultante de la Société anti-esclavage, me reçoit dans les bureaux londoniens de l'organisation internationale Justice. Elle a le visage fatigué de quelqu'un qui côtoie quotidiennement des horreurs. Mais la voix est posée et déterminée : « Le pire cas d'exploitation des enfants dans le monde ? Vous savez, il est impossible de mettre des choses aussi terribles sur une échelle...Une fois, pourtant, j'ai vu une photo prise en Thaïlande : des enfants d'environ quatre ans, enchaînés dans des cages, qui mettaient de l'héroïne en petits sachets. Cela m'a bouleversée plus que tout autre image...

Le pire, c'est qu'en dépit des progrès de la scolarisation, le nombre des enfants qui travaillent augmente chaque année : plus il y a d'adultes qui chôment, plus il y a d'enfants qui travaillent. Il y a aussi l'explosion démographique et l'exode rural. Dans beaucoup de pays du Tiers-Monde, les moins de 15 ans représentent plus de la moitié de la population ; il faut leur donner à manger, les habiller, et plus tard, il faut leur donner du travail. L'arrivée en ville plonge la famille dans une situation nouvelle et instable ; souvent les enfants doivent travailler ou se prostituer pour que la famille mange... Ce sont des problèmes de sous-développement, bien sûr, mais il ne faut pas s'imaginer que le phénomène ne nous concerne pas, nous en Occident. »

En effet, la Société anti-esclavage estime à plus de 600 000 le nombre d'enfants sexuellement exploités aux États-Unis. À Paris, il y aurait plus de 8 000 garçons et filles de moins de 18 ans - dont beaucoup d'enfants d'immigrants maghrébins - qui font le trottoir. À Montréal, on parle de 4 000 à 5 000 jeunes prostitués.

Quant au travail manuel, l'Italie arrive en tête avec ses 500 000 enfants employés clandestinement, qui perçoivent souvent le cinquième du salaire minimum. Naples, par exemple, une ville qui n'arrête pas de se désintégrer, ressemble avec ses taux de chômage et de mortalité infantile davantage à une ville du Tiers-Monde qu'à une ville occidentale. Le travail des enfants y est souvent une question de survie et ne cesse d'augmenter. De plus, beaucoup de parents préfèrent voir travailler leurs enfants que de les laisser dans la rue, lieu violent et dangereux.

« Mais l'Italie n'est pas seule, loin de là ! » s'empresse de corriger Leah Levin.

« Les enfants travaillent aussi en Espagne - 200 000 environ - au Portugal et en Grèce, un pays sur lequel nous ne possédons pas d'étude. Même en Grande-Bretagne et aux États-Unis... »

Je rencontre Alan Whitaker au vétuste siège social de la Société anti-esclavage sur Brixton Road, une grande avenue balayée de vent, à la limite de Londres et de sa banlieue. À l'intérieur de l'immeuble sombre et miteux, un rien de zèle missionnaire flotte dans l'air. « C'est un moment important pour nous, m'annonce M. Whitaker. Nous avons fondé hier à New York l'Association des amis de la Société anti-esclavage, ce qui va nous permettre d'organiser des campagnes de souscription en Amérique du Nord... Jusqu'à assez récemment, nous étions financés par des fondations privées. Il y a toujours à la tête de la Société des philanthropes riches et influents ; à une certaine époque, il suffisait à une de ces personnes d'appeler le Foreign Office et dire, par exemple : Il y a le cas de cet esclave au Soudan, je veux que vous fassiez quelque chose ! ... Les temps ont changé, nous apprenons à travailler comme une compagnie moderne. »

Y a-t-il des actions de la Société dont Alan Whitaker est particulièrement fier ?
« Oui, notre combat contre l'esclavage traditionnel en Mauritanie. Une vraie réussite. En février 1984, nous avons même été invités à faire partie d'une délégation des Nations Unies pour voir la situation sur place. C'était la première fois qu'on invitait ainsi une organisation non gouvernementale ! »

La Mauritanie, pays désertique et désespérément misérable, est membre des Nations Unies depuis plus de 20 ans. Officiellement, l'esclavage y fut d'abord aboli par les colonisateurs français ; puis de nouveau, en 1960, lors de l'accession à l'indépendance. Mais on y compte encore aujourd'hui, sur 1,5 million d'habitants, 100 000 *aba*, propriétés absolues de leurs maîtres, ainsi que 300 000 esclaves partiellement affranchis. Le pays est si pauvre que la différence entre les esclaves et leurs propriétaires n'est pas tellement affaire de richesse que de statut social, d'autant plus que les maîtres sont presque tous des « Maures blancs », descendants de colons berbères et arabes, et les esclaves, majoritairement noirs. Un enfant d'esclave l'est lui aussi de naissance, et peut être vendu par le propriétaire de la mère. Même le *haratin*, l'esclave partiellement ou complètement affranchi, est l'objet d'une profonde discrimination sociale, un peu comme les intouchables de l'Inde : il vit dans un quartier à part et on lui réserve les travaux les plus sales et les plus dégradants.

La Société anti-esclavage publiait un premier rapport en 1978, après une enquête secrète. La première réaction du gouvernement mauritanien fut de tout nier. Carrément. La Société publia un autre rapport en 1979, et un troisième en 1980. Le gouvernement mauritanien se rendit compte qu'avec un peu de bonne volonté il pourrait obtenir des subventions internationales et abolir officiellement l'esclavage pour la troisième fois ! Un groupe de défense des esclaves se forma, pour aider ceux qui arrivent à s'échapper à se prévaloir de la nouvelle loi.

« Des usages vieux de mille ans ne peuvent être extirpés du jour au lendemain, dit Alan Whitaker, mais il y a eu des progrès, surtout grâce aux pressions internationales... La Mauritanie dépend complètement de l'aide internationale, surtout avec la sécheresse qui y sévit depuis plusieurs années. »

Voilà, à long terme, la méthode d'action de la Société anti-esclavage : influencer la distribution de l'aide. « Pas l'aide d'urgence, bien sûr, souligne Alan Whitaker. Mais les fonds qui servent à l'industrialisation ou à la construction des routes, par exemple. L'aide internationale dépend encore trop souvent de considérations politiques ; nous aimerions qu'elle soit de plus en plus liée au respect des droits de l'homme. Cela paraît être la façon la plus efficace de faire progresser les choses... »

4.1 Comprendre l'article

Une fois que l'on s'est assuré(e) de bien comprendre l'intégralité du message exprimé, il est utile de dresser la liste des idées présentées par l'auteure, tout en n'hésitant pas à réutiliser ses mots et expressions.

Exercice

Faites la liste des idées présentées dans l'article.

4.2 Dominer l'article

Il faut maintenant sélectionner, à partir de la liste des idées abordées par l'auteure, celles qui sont les plus importantes puis les reconstituer en une deuxième liste plus sommaire. Il faut enfin les organiser de façon cohérente afin de rester fidèle à la logique de son raisonnement.

L'auteure de cet article a clairement organisé son texte. Il suffit donc de suivre les grandes lignes de son plan.

Exercice

Faites la liste plus sommaire des idées abordées.

4.3 Réécrire l'article

À partir des idées principales que vous avez retenues de l'article, livrez-vous à un travail de reformulation et de réécriture au cours duquel vous exprimerez, dans vos propres mots, les idées de l'auteure.

Exercice

Réduisez cet article à un résumé qui ne dépassera pas deux cents mots.

V LE RÉSUMÉ DANS LA VIE QUOTIDIENNE : LA NOTE DE TÉLÉPHONE ET LE MESSAGE ENREGISTRÉ SUR RÉPONDEUR

La note de téléphone et le message laissé sur répondeur sont des cas particuliers du résumé.

☞ Il faut s'assurer de dire l'essentiel et de laisser de côté tout ce qui est inutile.

1. **Situation 1** : La secrétaire d'un département d'études françaises reçoit l'appel d'une étudiante.

Secrétaire : Ici le département d'études françaises.

Étudiante : Bonjour, pourrais-je parler à Monsieur Leblanc ?

Secrétaire : Monsieur Leblanc est en réunion, voulez-vous laisser un message ?

Étudiante : Oui, Je suis une de ses étudiantes de son cours de linguistique de troisième année et...

Secrétaire : Quel est le numéro du cours ?

Étudiante : FRAN 3880.

Secrétaire : Et votre nom ?

Étudiante : Yvette Benoît.

Secrétaire : Voulez-vous épeler votre nom de famille ?

Étudiante : B E N O I T.

Secrétaire : Merci. Que voulez-vous dire à Monsieur Leblanc ?

Étudiante : Je voudrais savoir s'il était possible de lui rendre ma dissertation la semaine prochaine. Je l'ai terminée mais je suis malade et je ne peux pas aller à l'université aujourd'hui.

Secrétaire : Quel est votre numéro de téléphone ?

Étudiante : 416 455-6321. Si Monsieur Leblanc préfère avoir ma dissertation aujourd'hui, j'essaierai de trouver quelqu'un qui pourra la lui apporter.

Secrétaire : Très bien, je transmettrai votre message. Au revoir.

Étudiante : Au revoir.

Exercice

Prenez le rôle de la secrétaire et rédigez la note téléphonique laissée à Monsieur Leblanc.

Note de téléphone		
À :	Date :	Heure :
De :	Numéro de tél. :	
Message :	Poste :	

Situation 2 : **Yvette Benoît téléphone directement au bureau de professeur, M. Leblanc, mais tombe sur son répondeur.**

Message enregistré : Bonjour. Ici Jérôme Leblanc. Je ne puis répondre à votre appel en ce moment mais veuillez laisser un message après le signal sonore. Je vous rappellerai dès que possible.

Exercice

Prenez le rôle de l'étudiante et rédigez le message téléphonique laissé sur le répondeur de Monsieur Leblanc.

Message laissé sur le répondeur

Situation 3 :   **Madame Blois, malade, téléphone au cabinet de la docteure Lemaire.**

Secrétaire :   Ici le cabinet de la docteure Lemoine.

Patiente: Je suis une patiente de la docteure Lemoine. Je ne me sens pas bien du tout. Je ne sais pas ce que j'ai et je me demande si je devrais prendre rendez-vous?

Secrétaire :   Quel est votre nom ?

Patiente :   Suzanne Blois.

Secrétaire :   Madame Blois, quels sont vos symptômes ?

Patiente :   J'ai très mal à la tête, j'ai des nausées et me sens très faible.

Secrétaire :   Avez-vous de la fièvre ?

Patiente :   J'ai trente-huit cinq.

Secrétaire :   Depuis quand ne vous sentez-vous pas bien ?

Patiente :   Depuis hier.

Secrétaire :   La docteure est occupée en ce moment mais je vais lui laisser un message et lui demander de vous rappeler. Quel est votre numéro de téléphone ?

Patiente :   613 522-4111.

Secrétaire :   Merci. La docteure va vous rappeler.

Patiente :   Merci bien.

Exercice

À partir de la conversation ci-dessus, complétez la note téléphonique suivante en prenant le rôle de la secrétaire.

Note de téléphone		
À :	Date :	Heure :
De :	Numéro de tél. :	
Message :	Poste :	

Situation 4 : Madame Blois, ayant téléphoné en dehors des heures d'ouverture du cabinet de la docteure Lemoine, est tombée sur le message téléphonique suivant :

Bonjour. Ici le cabinet de la docteure Lemoine. Le cabinet est ouvert du lundi au vendredi de 9 h à 13 h et de 14 h à 18 h. Veuillez laisser un message après 1 signal sonore. Nous vous rappellerons dès que possible.

Exercice

Vous prenez le rôle de Mme Blois et vous laissez un message sur le répondeur.

Notes :

1. Jean B. Dussault, *Le Québec Industriel*, juillet 1981.

2. Badinter, Élizabeth, *Émilie, Émilie, l'ambition féminine au XVIIIe siècle*, Paris, Flammarion, 1983.

3. Tatilon, Claude, *Traduire : Pour une pédagogie de la traduction*, Toronto, Éditions du GREF, 1986, p. 3.

4. Tatilon, Claude, *Traduire : Pour une pédagogie de la traduction*, Toronto, Éditions du GREF, 1986, p. ix–x.

5. Walter, Henriette, *Honni soit qui mal y pense : L'incroyable histoire de l'amour entre le français et l'anglais*, Robert Laffont, 2001, p.258–260

6. Walter, Henriette, *Honni soit qui mal y pense : L'incroyable histoire de l'amour entre le français et l'anglais*, Robert Laffont, 2001, p.261–262

7. Tavernier, Gisèle, « Au commencement était le Kleenex », *Marie France*, février 2002.

8. Malet, Caroline de, « Les Mayas accros de longue date au chocolat », *Nature*, 18 juillet 2002.

9. Billy, Hélène de, « Qui donc a tué le joual ? » *L'actualité*, 1er septembre 1991, p.16–20.

10. Murray, Vera, « L'esclavage en liberté », *L'actualité*, mai 1985, p. 103–109.

Suggestions bibliographiques

Besson, Robert. *Guide pratique de la communication écrite*, Paris, Édition Castella, 1987, 192 p.

Morfaux, Louis Marie et Roger Prévost, *Résumé et synthèse de textes, méthodes et textes d'application*, Paris, Armand, J. Colin, Collec. Flash Sup, 1990, 222 p., ISBN: 2-200-23044-3.

Simard, Jean-Paul. *Guide du savoir-écrire*, Montréal, Les Éditions de l'homme, 1999, ISBN : 2761914422.

3. LE COMPTE RENDU DE PRESSE

LE COMPTE RENDU DE FILMS, DE LIVRES, D'EXPOSITIONS, DE DISQUES

I   **POURQUOI ET COMMENT ?**

1.   **Le but du compte rendu de presse est double :**

☞   Informer les lecteurs d'un événement artistique, de la publication d'un livre, de la sortie d'un film, de disques, etc.

☞   Faire part aux lecteurs de l'opinion du(de la) journaliste sur cet événement, ce livre, ce film, etc.

2.   **Comment faire un compte rendu ?**

☞   Il faut situer l'événement, le livre, le film, etc.

☞   Il faut en exposer le thème/le sujet de façon claire et objective.

☞   Il faut évaluer l'événement, le livre, le film, etc. :

- en tenant compte des intentions de l'organisateur(trice), de l'auteur(e), du(de la) réalisateur(trice).

- et à la lumière de vos propres connaissances du sujet et de vos goûts personnels, il faut savoir appuyer votre jugement par des arguments convaincants.

II   **COMMENT PROCÉDER AU COMPTE RENDU/À LA CRITIQUE DE FILM ?**

☞   Les conseils donnés dans cette section s'appliquent, avec quelques modifications, aux autres types de comptes rendus.

1.   **Situer le film**

- Par rapport aux autres films du(de la) réalisateur(trice)
- Par rapport à d'autres films du même genre
- Par rapport à une vogue pour ce genre de film, etc.

Ce paragraphe sert généralement d'introduction.

2. Le scénario

☞ Pour le caractériser, il faut se demander :

- a-t-il été inventé pour le film ?
- est-il basé sur un incident réel ou un événement historique ?
- est-ce une adaptation d'un roman ou d'une pièce de théâtre ?
- est-ce une suite ?
- s'agit-il d'un remake ?

3. L'intrigue

Il faut la résumer brièvement, clairement et de façon objective. Ne pas oublier d'indiquer l'époque où l'histoire est supposée se dérouler et la société où elle a lieu. Ce résumé ne doit pas dépasser le tiers du compte rendu. L'intrigue est-elle bien menée ? Y a-t-il du suspense et des rebondissements qui tiennent les spectateurs en haleine ?

4. Le milieu social

Quels milieux sociaux sont évoqués ? Comment sont-ils présentés ? Le film contient-il des références culturelles (historiques, politiques, religieuses, etc.) pertinentes ?

5. Les personnages

Sont-ils ordinaires ? Conventionnels ? Bizarres ? Marginaux ? Caricaturaux ? Attachants ? Pittoresques ? Le jeu des acteurs les rend-il crédibles ?

6. La portée du film

Quel est le but du film ? Est-ce un simple divertissement ? Contient-il un message ? Le film dénonce-t-il un système politique ? Véhicule-t-il une idéologie ?

7. L'analyse technique

- Qualité des images, du son, des éclairages, des costumes, etc.
- Y a-t-il des effets spéciaux ? Sont-ils réussis ? (analepse, métaphores?)
- Quels moments du film sont les plus réussis et pourquoi ?

8. **Le public visé**

À quel public ce genre de film s'adresse-t-il ?

9. **Évaluer le film**

☞ Il est important de tenir compte :

- des intentions du(de la) réalisateur(trice)
- de vos impressions personnelles basées sur des arguments solides et convaincants.

III COMPTES RENDUS DE FILMS

1. Intimité et tasse de thé[1]

PERSUASION
Odile Tremblay

Réalisation : Roger Michell, Scénario : Nick Dear. Avec Amanda Root
Ciaran Hinds, Suzan Fleetwood, Corin Redgrave, Fiona Shaw, John Woodvine.
Images : John Daly. Musique : Jeremy Sams

Les Britanniques excellent en général dans l'expression du non-dit. Tant d'années d'oppression victorienne corsetée marquent un imaginaire collectif, en littérature comme à l'écran. Un James Ivory n'aurait pu pousser ailleurs que dans la verte Albion. De Grande-Bretagne nous parviennent régulièrement des films adaptés ou non des romans du XIXe siècle, source inépuisable d'inspiration. Ils excellent donc à exprimer le non-dit, à défaut de savoir toujours en dynamiser les thèmes (à l'encontre d'une Néo-Zélandaise comme Jane Campion qui rendit l'époque passionnante).

Persuasion, de Roger Michell, reluit comme un modèle du genre, un peu linéaire mais sensible. Il est adapté du roman de la victorienne Jane Austen, fille de pasteur comme il se doit, qui dépeint au début du siècle dernier son petit monde provincial avec la minutie, voire la monotonie triste d'une brodeuse au point de croix.

Persuasion n'est pas sans point commun avec *La leçon de piano*. L'un et l'autre films donnent la vedette à une femme dépossédée d'elle-même qui peu à peu prend les rênes de ses sentiments et de sa vie. Ici, il s'agit d'Anne (Amanda Root), fille de bonne famille désormais quasi ruinée, qui dut, huit ans plus tôt, rompre ses fiançailles avec un jeune officier de marine Frederick (Ciaran Hinds), trop pauvre aux goûts de ses parents. Elle se languit depuis, persuadée de ne jamais le revoir, jusqu'au jour où le manoir familial est loué à un amiral et à son épouse. Ils sont parents de Frederick devenu riche et capitaine, mais toujours célibataire et furieux de l'affront que lui fit jadis subir sa promise. Le voici qui atterrit dans les parages, s'amourache de la fille d'un voisin, au grand dam de la pauvre Anne dépitée d'avoir rejeté celui qu'elle aime toujours. Les amoureux seront-ils réunis un jour ? Tout s'y oppose, mais...

Le film se révèle être une incursion dans les regards d'Anne, dont les sentiments ne filtrent qu'à travers les deux globes de ses yeux immenses de tout ce qu'ils cachent. L'intrigue émotive est très lente à se mettre en branle, filtrant dans des gestes à peine esquissés - cette main du capitaine s'égarant sur Anne - les faux-semblants, les égarements sentimentaux. Et ces yeux ronds, miroir de l'intrigue, portés par l'intelligente et sensible Amanda Root, qui apportent à *Persuasion* tout son charme suranné.

Lente structure du film qui, une fois établie, se révèle néanmoins efficace, collée à l'évolution intérieure de cette femme qui accepte peu à peu de prendre son sort en main et d'envoyer promener de sots prétendants pour suivre les élans de son coeur. L'intrigue émotive apparaît néanmoins linéaire. Jane Austen ne faisait pas dans l'action et le film a ce quelque chose de noble, de compassé qui constitue la marque de commerce d'un certain cinéma britannique.

Roger Michell a su demeurer fidèle à l'époque et n'a pas nettoyé ses héros qui sont livrés à l'écran le cheveu sale, la redingote souillée comme les voulait l'hygiène douteuse du temps. On salue le grand soin apporté aux décors, aux costumes, dont les corsets reflètent les oppressions intérieures des personnages et y répondent.

Persuasion est l'exploration d'un petit monde provincial et guindé, révélé avec beaucoup de finesse, comme un délicat tableau de genre. Finesse qui n'empêche pas de s'ennuyer quelque peu autour de la tasse de thé, mais poliment, à l'anglaise.

Intimité et tasse de thé (1er résumé)

a)   Caractérisez le scénario de ce film.

b)   Justifiez le rôle de chaque paragraphe.

c)   Quelles qualités Odile Tremblay trouve-t-elle à ce film ?

d)   Quels en sont les aspects négatifs ?

e)   Justifiez le rôle des points de suspension à la fin du troisième paragraphe.

f)   Qu'évoque le surtitre ?

PERSUASION[2]
Odile Tremblay

Le cinéaste britannique, Roger Michell, explore avec finesse le registre du non-dit en adaptant à l'écran ce roman victorien de Jane Austen. Une reconstitution d'époque très fidèle et très soignée, un art de l'ellipse remarquable, une bonne distribution où surnage Amanda Root. Dans la peau de l'héroïne Anne, elle revoit huit ans plus tard le fiancé jadis éconduit mais toujours aimé. Une exploration d'un petit monde noble et provincial, beaucoup de sensibilité, mais un peu de cet ennui bienséant que distillent les films anglais tasses de thé.

Intimité et tasse de thé (2ème résumé)

a)   Comparez ce compte rendu avec le compte rendu précédent.

b)   Quels éléments la journaliste a-t-elle laissé tomber ?

c)   Lesquels a-t-elle conservés ?

2.   Le Charme discret de la nostalgie[3]

PERSUASION
Huguette Robage

Tous les films qui baignent dans la campagne anglaise, surtout celle de l'époque romantique, me font courir, et ils me déçoivent rarement. Je dois y avoir vécu dans une vie antérieure ! Aussi est-ce sur un petit nuage de contentement que je suis sortie cette semaine du visionnement de presse de *Persuasion* de Roger Michell, arrivé à l'affiche en version originale anglaise (accent *british* en prime).

Huit ans avant le début de l'histoire racontée à l'écran, son héroïne, Anne Eliott, cadette des trois filles d'un membre de la petite noblesse, Sir Walter Eliott, a rompu ses fiançailles avec le jeune officier de la marine britannique Frederick Wentworth.

Décision prise sur l'avis d'une amie chère à sa famille, Lady Russell, à qui le jeune homme semblait trop pauvre et sans avenir. Décision, dont elle subit les conséquences de bonne grâce, mais qu'au fond d'elle-même, elle n'a cessé de regretter.

Anne a maintenant 27 ans. Sa mère est morte. Sa soeur aînée, Elizabeth, toujours en attente d'un prince charmant qui tarde d'autant plus à se présenter qu'elle a un fichu caractère, et sa benjamine, Mary, a épousé Charles, héritier du domaine voisin.

Quand le film commence, veuf et ruiné, Sir Walter Eliott annonce à ses filles qu'il en est réduit à louer Kellynch Hall, le superbe manoir familial. Or, le nouveau maître des lieux sera l'Amiral Croft, dont la femme est nulle autre... que la soeur aînée de Frederick Wentworth.

Par la force des circonstances, celui-ci revient donc bientôt dans le décor et la vie de la douce Anne. Plus séduisant que jamais dans son uniforme de capitaine, auréolé de ses voyages autour du monde qui l'ont rendu très riche. Il est toujours libre, mais devenu ombrageux, car il n'a pas oublié la souffrance et l'humiliation qu'il a subies autrefois à Kellynch Hall... La jeune femme parviendra-t-elle à lui exprimer enfin ses propres sentiments, faits de regrets et de l'amour qu'elle n'a jamais cessé de lui porter ? C'est à voir...

Peu connus, les acteurs n'en sont pas moins d'une justesse admirable, à commencer par Amanda Root dans le rôle central, dont on dit qu'elle est l'actrice anglaise la plus prometteuse à émerger depuis Emma Thompson. Elle est ici fort bien entourée, entre autres, de Ciaran Hinds (Frederick), Corin Redgrave (Sir Walter Eliott), Suzan Fleetwood (Lady Russell), John Woodvine et Fiona Shaw (l'Amiral et Mrs Croft).

Tout en nuances et demi-tons, mais pourvu de décors et de costumes somptueux, et surtout dénué de toute affectation et de cette sentimentalité racoleuse souvent attachée au genre, *Persuasion* témoigne d'une finesse (j'allais dire d'une sensibilité féminine), dont on ne sait s'il faut en créditer Roger Michell, ce metteur en scène britannique né en Afrique du Sud qui a surtout fait carrière au théâtre jusqu'ici, ou Jane Austen, l'auteur du roman (même titre) dont ce film est tiré.

S'il n'a pas eu le retentissement de son fameux *Pride and Prejudice*, ce roman d'Austen colle bien davantage à la personnalité de cette écrivaine britannique, dont la biographie prétend qu'elle est morte vierge (!) à 42 ans, en 1817, après avoir raté pour de mauvaises raisons de bien bonnes occasions de s'épanouir... Certains lisent dans le fait que l'histoire de *Persuasion* soit datée de 1814, vers la fin de sa trop courte vie, comme l'aveu d'un regret, ou une nostalgie de l'amour perdu.

a) Justifiez le surtitre.

b) Combien de paragraphes sont consacrés à l'exposition de l'intrigue ?

c) Dans quels paragraphes l'auteure exprime-t-elle son opinion ?

d) Critique-t-elle ce film de façon subjective ou en se basant sur des arguments solides?

e) Justifiez les points de suspension aux cinquième et sixième paragraphes.

f) Comparez la conclusion de ce compte rendu à celle du premier compte rendu intitulé *Intimité et tasse de thé*.

3.   **<u>Vieux bon</u>**[4]

GOLDEN EYE
Bernard Boulad

Réalisation : Martin Campbell. Scénario : Jeffrey Caine,
Bruce Feirstein. Images : Phil Meheux. Musique : Eric Serra.
Avec Pierre Brosnan, Sean Bean, Izabella Scorupco, Fanke Janssen,
Joe Don Baker et Robbie Coltrane.
États-Unis, 130 minutes.

Alors, ce nouveau James Bond ? Eh bien, ma foi, pas si mal mais pas de quoi pavoiser. Honnête sans plus. Le 17e de la série tirée du personnage créé par Ian Fleming reste dans la tradition de ses prédécesseurs : puissant, spectaculaire, efficace et prévisible. Et toutes les règles sont respectées : début fracassant, pour ne pas dire surréel, générique typique, poursuites endiablées, localisations aux quatre coins du monde, invraisemblances incalculables, etc.

Et l'intrigue, alors ? Eh bien, comme d'habitude, il y a un vilain mégalo (son identité constitue une surprise si vous n'avez pas vu la bande-annonce) qui menace encore une fois d'effacer une ville du globe. Pour parvenir à ses fins, il met la main sur une arme de destruction massive déclenchée à partir d'un satellite et piquée à une base militaire située en ex-URSS. Son homme de main est ainsi un général russe rancunier qui ne se reconnaît plus dans la nouvelle ligne, tracée à Moscou. En vrai cosaque, il tourne casaque. Évidemment, Bond fourre son nez dans l'affaire et tout va commencer à déraper pour les méchants...

Mais encore ? Eh bien, l'action est menée tambour battant sur la musique d'Eric Serra, grand orchestrateur des films de Luc Besson auxquels Bond, incidemment, emprunte le côté félin de Jean Reno dans *The Professional*. Dans les airs, à bord de sa nouvelle BMW ou d'un tank dans les rues de Leningrad, l'agent 007 ne fait pas de quartier, réduisant au silence des dizaines de macaques à la mine patibulaire lancés à sa poursuite et levant au passage quelques minettes ébahies. Et les *Bond Girls* ? Eh bien, si la vilaine, brune bien sûr, est une nymphomane à tendance sadomasochiste plutôt amusante, la compagne de Bond, elle, est une mignonne blonde dont la sensualité est très faiblement exploitée. Sur ce plan, *Golden Eye* est très décevant et annule l'effet séducteur du personnage. Depuis le vénérable Sean Connery, aucun de ses successeurs n'a d'ailleurs été dans ce domaine à la hauteur.

Et les gadgets ? Rien de fameux à ce rayon. Si Q est toujours incarné pour la quinzième fois par Desmond Llewelyn, côté inventions, il a beaucoup perdu. Au maigre menu : un stylo-bille explosif, une montre équipée d'un rayon laser et une ceinture déroulant un câble haute tension. Et bien sûr, l'éternel Walter PPK.

Des surprises ? Quelques-unes dont M qui, cette fois, prend les traits d'une femme mûre, trop heureuse de traiter Bond de « dinosaure misogyne et sexiste ». Également Tcheky Karyo en ministre de la Défense russe !

Et l'humour ? On est loin de la finesse des premiers James Bond. Les répliques sont rarement savoureuses et manquent de punch. Pour ce qui est des dialogues, à part deux ou trois trouvailles, on ne s'est pas foulé la rate. Ils sont souvent plus techniques et accessoires que révélateurs des caractères.

Alors, en définitive, bon ou pas bon ? Était-il absolument nécessaire, 33 ans après le premier de la série, de produire un nouvel épisode de James Bond ? Les amateurs ne résisteront pas à la tentation de vérifier par eux-mêmes le résultat de l'opération. Une chose est sûre : pour s'opposer à la concurrence de Schwarzenegger et autres trublions, les concepteurs du nouveau Bond ont sorti l'artillerie lourde et le film compte trop de pétarades et de cascades impossibles. Il manque de la torture psychologique, le vrai nerf de la guerre qui rive le spectateur à son siège. Aussi, on ne retient jamais vraiment son souffle même si on est agréablement distrait. Et puis, quand même, ils auraient pu se forcer pour mettre un ou deux mots de russe dans la bouche de ces Russes terriblement anglophiles.

Et Pierre Brosnan ? Qui ? Ah oui, l'acteur qui personnifie James Bond... Meilleur que Roger Moore et Timothy Dalton mais il n'y a rien à faire : l'agent 007 ça reste encore et toujours Sean Connery. Brosnan n'est pas un acteur physique et il ne dégage pas un vrai magnétisme. Il n'a pas non plus l'élégance et le charme du personnage d'origine, ni son sourire coquin. Son visage n'exprime ni la surprise, ni la fermeté, ni la douleur, ni le plaisir. Bref, une belle gueule sans plus.

P.-S. : saviez-vous que James Bond était le nom d'un ornithologue américain ? Moi non plus.

a)   Caractérisez le scénario de ce film.

b)   Justifiez le surtitre.

c)   Comment chacun des paragraphes débute-t-il ? Quelle est l'intention de l'auteur?

d)   Justifiez le rôle de chaque paragraphe.

e)   Combien de paragraphes sont consacrés à la présentation de l'intrigue ?

f)   Relevez et expliquez les expressions familières utilisées par le journaliste.

4. **Le vrai baron fou**[5]

MÜNCHAUSEN
Francine Laurendeau

De Josef von Baky, avec Hans Albert, Brigitte Horney,
Wilhelm Bendow, Ferdinand Marian. Scénario : Berthold Bürger
(pseudonyme d'Erich Kästner). Images : Wener Krien (Agfacolor).
Allemagne, 1943. 1 h 44. Version originale, sous-titres anglais.

La vie extraordinaire de Karl Friedrich Hieronymus, baron de Münchausen, se déroule de 1720 à 1797 et a tout pour enflammer l'imagination des biographes et adaptateurs. Officier saxon dans l'armée russe, il aurait été l'amant de la grande Catherine. Prisonnier de guerre des Turcs, il serait devenu le confident du sultan. À Venise, il aurait été l'ami de Casanova avant de fuir l'Inquisition en s'envolant en ballon. Ce ne sont là, en fait, que trois épisodes de sa vie tumultueuse.

Le personnage a inspiré bon nombre de romans et de films dont *Les Hallucinations du baron de Münchausen*, de Georges Méliès (1912), un long métrage tchèque qui mêle animation et vues réelles, *Le Baron de Crac*, de Gottfried Burger (1961), et *The Adventures of Baron Münchausen*, de Terry Gilliam (1988). Mais le film de référence est allemand. C'est *Münchausen*, de Josef von Baky, superproduction tournée à grands frais pendant la période nazie. Le Goethe-Institut nous le présente dans le cadre de sa série *Le Ministère de l'illusion* consacrée aux films allemands « de divertissement » réalisés entre 1933 et 1945.

À l'occasion du vingt-cinquième anniversaire de la UFA, puissante firme nationale allemande de production et de distribution, Goebbels commande une réalisation de prestige, en couleurs, dans le but sans doute de faire rêver un public éprouvé par la guerre. Il est intéressant de noter que le scénariste choisi est Erich Kästner, un écrivain humoriste dissident, auteur entre autres d'un célèbre *Kennst Du das Land, wo die Kanon Bluhen ?* que l'on pourrait traduire librement par : « Connais-tu le pays où fleurit le canon ? ».

Il est intéressant de noter aussi que, forcé de signer sous un nom d'emprunt, Kästner choisit le pseudonyme transparent de « Berthold Bürger », Berthold étant le prénom de Brecht contraint à l'exil en 1933 et Bürger, le nom d'un auteur du XIXe siècle ayant écrit sur Münchausen. Mais venons-en au film dont la première allait avoir lieu à Berlin en mars 1943, soit un mois après la défaite (allemande) de Stalingrad.

L'ouverture est un morceau d'anthologie. Perruques, robes à panier, exotiques serviteurs noirs, tout, jusqu'au moindre détail délicieusement rococo, nous laisse croire que nous sommes au XVIIIe siècle, un soir de bal. Mais de légers anachronismes s'insinuent, d'abord à peine perceptibles, jusqu'à devenir évidents. Je vous les laisse découvrir puisque tout le plaisir de cette séquence-devinette est là. Nous finissons par comprendre qu'il s'agit d'un bal costumé donné au XXe siècle dans le château du descendant du baron de Münchausen. Il va nous raconter les aventures du célèbre hâbleur.

Et le film sera une comédie féerique où tous les tours de passe-passe sont permis, où le fusil à longue-vue permet de voir à des milliers de kilomètres tandis que Cagliostro y va de ses recettes magiques, comme la bague qui rend invisible, dont Hieronymus saura se servir à point nommé. Dans un Pétersbourg d'opérette, Catherine II donne des réceptions follement extravagantes et s'entoure de murs coulissants et de trappes, autant de pièges pour attirer notre héros vers son lit. 163 nuits plus tard, elle se lasse et l'expédie vers l'Orient.

Trouvailles facétieuses - sons musicaux congelés qui se décongèlent, habits fous qui se propulsent vers leur maître - aimables turqueries et gondoles vénitiennes, décors en trompe-l'oeil et délicieux truquages, voyages en ballon et en boulet de canon, la lune, ses femmes-fleurs et ses enfants-fruits, le tout filmé à grand déploiement avec la séduction de l'Agfacolor. C'est prodigieux et funambulesque avec, toujours, ce petit côté naïf qui a beaucoup de charme et qui empêche *Münchausen* de se prendre au sérieux.

a) À quelle occasion ce film a-t-il été présenté à Montréal en 1995 ?

b) Caractérisez le scénario du film.

c) Justifiez le surtitre donné par la journaliste.

d) À quelle époque se déroule l'intrigue ?

e) Relevez dans les trois derniers paragraphes les termes à connotation positive.

f) Les anachronismes mentionnés au cinquième paragraphe sont-ils involontaires ? Expliquez.

g) Quelle opinion la journaliste a-t-elle de ce film ?

5. **Vocabulaire utile : expressions tirées des comptes rendus de films ci-dessus**

Ce film explore/dépeint le petit monde de...
Ce film trace/brosse un tableau réussi/passionnant, simpliste, ennuyeux...
Ce film met en scène...
Ce film a le mérite de...
Ce film se déroule...
Il est adapté du roman de...
Il est une reconstitution très fidèle, très soignée de...
Ce film tient en haleine les spectateurs
Être à l'affiche, à l'écran

Le(La) metteur(e) en scène excelle dans + nom (excelle à + infinitif)

Le(La) cinéaste fait ressortir)
        met en relief)
        met en lumière)   la violence cachée de cette société
        éclaire)
        dévoile)

Le(La) cinéaste s'est montré(e) sensible à...

Le(La) cinéaste a su demeurer fidèle au roman qui l'a inspiré(e)

L'intrigue est lente, rapide, linéaire...

L'histoire racontée a pour héros(héroïne)...

Les personnages sont fidèlement incarnés par...

Un tel(Une telle) en est la vedette

Le jeu des acteurs est très nuancé

Le rôle central est tenu par un(e) acteur(trice) très prometteur(teuse)

Le(La) spectateur(trice) est passionné(e), séduit(e), ému(e), touché(e) par, ennuyé(e), agacé(e), exaspéré(e) par...

Les décors sont superbes

Les costumes sont somptueux, simples

Les prises de vue sont captivantes

Le film remporte un vif succès

Il est bien reçu de la critique.

V   COMPTES RENDUS DE LIVRES

1.   *La marche du cavalier*[6]

Le don des femmes

La Marche du cavalier par Geneviève Brisac (Paris, l'Olivier, 138 p., 15 E)

Un roman branché, cet automne, est celui où s'étale la suffisance d'un moi qui s'estime capable, de soutenir tout seul, l'échafaudage romanesque. Il peut s'agir aussi bien d'un moi hédoniste et joueur, élégamment désinvolte, que d'un moi mal embouché, égaré dans des criailleries quinteuses. Ou d'un moi obscène et exhibitionniste. Tous ces « moi » cultivent l'indifférence aux autres et se drapent non dans la vérité, mais dans l'au-then-ti-ci-té.

Sur la dérive narcissique des romans du jour, Geneviève Brisac a choisi de dire des choses aujourd'hui très inconvenantes. Elle répète que le roman conte une histoire, qu'un bon roman est celui qui fait croire, que cette précieuse croyance tient aux détails, et que les femmes écrivains ont pour les capter un talent particulier.

Celles qu'elle convoque, avec un goût très sûr, Aline Munro, Grace Paley, Ludmilla Oulestskaia, Rosetta Loy, d'autres encore, ont eu des existences parfois cruelles, souvent moroses, toujours soucieuses. Elles n'ont eu aucun loisir d'oublier « *les fuites d'eau, les factures, les poubelles à sortir, les ampoules à changer, le lilas qui fleurit* ». Mais ces dames très courtoises ont reçu en partage l'arme des faibles, l'ironie, « *forme naturelle de l'intelligence impuissante* ». Plus le don, avec un regard en coin jeté sur le monde, deux mots chuchotés, trois coups d'un pinceau délicat, de faire surgir les forêts et les rues, les fontaines gelées et les squares assommés de soleil, et d'y croiser le destin qui distribue au petit bonheur la chance, le malheur ou la grâce dans les existences humaines. Lisez séance tenante ce petit livre raffiné, peuplé de silhouettes mélancoliques, où résonne une voix tchékovienne.

a)   Trouvez un synonyme du mot « branché » dans le contexte où le mot est utilisé dans la première phrase.

b)   Quelle est l'idée principale de chacun des trois paragraphes de ce compte rendu?

c)   Justifiez le surtitre : « Le don des femmes »

2.   *L'île damnée*[7]

Un roman de mer, de désespoir et de folie

Jacques et Léon ont quitté l'île Maurice dans des circonstances troubles, alors qu'ils étaient encore enfants. Vingt ans plus tard, en 1891, les deux frères s'embarquent sur l'*Ava*, remplis d'espoir et d'appréhension à l'idée de renouer avec leur famille. L'épidémie de variole qui se déclare en mer les contraint à débarquer à l'île Plate, où les autorités les mettent en quarantaine avec quelques passagers européens et des centaines d'esclaves indiens. Sans nourriture ni médicaments, ils attendent la délivrance en brûlant leurs morts sur la grève. J.-M.G. Le Clézio signe ici un roman de mer, de désespoir et de folie. Certaines pages, magnifiquement écrites, sont insoutenables tant les passions et les sentiments – amour, peur, lâcheté – sont exacerbés par la promiscuité et l'enfermement. Dommage que l'auteur se soit laissé emporter par les mots, jusqu'à en oublier de mettre fin à son histoire, qui aurait gagné à se terminer 50 pages plus tôt. (*La Quarantaine,* Gallimard, 466 pages, 39,95 $).

Micheline Lachance

a) Le sous-titre vous donne-t-il ou non l'envie de lire ce livre ? Justifiez votre réponse.

b) Résumez l'intrigue de ce roman en une phrase.

c) Qu'est-ce que Micheline Lachance aime particulièrement dans ce livre ?

d) Qu'est-ce qu'elle critique ?

d) Faites le bref compte rendu (200 mots environ) d'un roman qui vous a particulièrement plu. N'oubliez pas de choisir un sous-titre approprié.

3. **Des collages en bédé[8]**

Neves fait un clin d'œil à Hergé

Délaissant provisoirement les pages de la revue d'art *Esse,* le Québécois Luis Neves nous offre, avec son quatrième album de bédé, *Le Midi de la nuit,* un hommage au Portugal, son pays d'origine, et à ses anciennes colonies. Du Québec à l'Afrique, en passant par l'Europe, Quinquim, alter ego* de l'auteur, poursuit un mystérieux cartel agroalimentaire. Celui-ci a kidnappé la biologiste Isabelle Lapointe, qui voulait faire pousser des pois chiches dans le désert. L'album est assez inusité : une série de collages de scènes tirées des aventures de Tintin et transposées dans une ambiance de polar*. Avec son art consommé du noir et blanc, Neves excelle dans les atmosphères urbaines nocturnes, ce qui ne l'empêche pas pour autant de nous amuser avec ses clins d'oeil à Hergé. (*Zone convective,* 62 pages, 15 $).

Denis Lord

* Alter ego - avoir un alter ego : un double de soi-même.
* Polar : mot familier pour roman policier.

a) Qu'appelle-t-on familièrement « bédé » ? Si vous ne trouvez pas ce mot dans le dictionnaire pouvez-vous en déduire le sens d'après le compte rendu ?

b) Quel est le titre réel de l'ouvrage discuté ?

c) Savez-vous qui est Hergé ?

d) Ce compte rendu est-il positif ou négatif ? Justifiez votre réponse.

Exercices

a) Présentez un album de bédé qui vous a particulièrement frappé(e) dans votre jeunesse ou adolescence en mettant en lumière les raisons de votre choix.

b) Choisissez dans un journal une bande dessinée qui vous amuse particulièrement et présentez-la en expliquant pourquoi vous la trouvez particulièrement réussie.

4. **La poésie des tueurs**[9]

> Quand Mary Higgins Clark entreprend un roman, elle ne fait pas
> dans le détail. « La Maison du clair de lune », son monumental
> ouvrage, en est sens dessus dessous...

Mensurations exactes du quatorzième ouvrage de Mrs. Mary Higgins Clark, « La Maison du clair de lune » (en américain : « Moonlight Becomes You » – ce qui n'a rien à voir mais ça n'a aucune espèce d'importance) : trois cent soixante-quatorze pages plus deux pages de remerciements à son éditeur, son agent, sa correctrice, diverses personnes averties des stock-exchanges, la police de Newport et à sa fille, Carol. Quatre-vingt-treize chapitres. Vingt-trois jours, du vendredi 20 septembre au dimanche 13 octobre, vraisemblablement de l'année mil neuf cent quatre-vingt-quinze. Lieux : le bar des Four Seasons, à Manhattan – dans le Seagram Building, Park Avenue et 52e Rue Est – et surtout une villa au bord de l'Océan et une luxueuse maison de retraite, Latham Manor, à Newport, entre Boston et Providence. Population : Nuala Moore, une femme d'un certain âge, vive, d'un caractère aussi jeune que joyeux, la victime, trucidée page 25, le vendredi 27 septembre. Maggy Holloway, sa belle-fille, plus précisément la fille d'un premier mariage de son époux, et son héritière, une jeune et jolie personne élégante et décidée, photographe pour magazines chics. Ses cousins Liane et Earl Moore Payne, ce dernier spécialiste des rites funéraires. Un golden-boy, Niel Stephens, amoureux de Maggy et ses parents. Un médecin mondain et son épouse, les directeurs de la maison de retraite véreux. Une infirmière aussi brutale qu'indélicate. Et puis, surtout, une bande de vieilles dames fortunées qui passent l'arme à gauche. Gadget : une petite clochette au bout d'un fil qu'on attachait au doigt des défunts pour qu'ils puissent alerter les gardiens des cimetières s'ils étaient par mégarde enterrés vivants – coutume datant de l'époque victorienne, en Angleterre. Voilà. Vous secouez le tout et ça donne le nouveau chef-d'oeuvre de Mrs Higgins Clark.

On ne va pas vous révéler ce qui se trame dans le livre, ça ne serait pas gentil. Sachez simplement que Maggy, venue passer quelques jours chez sa marâtre, découvre cette dernière assassinée avec sauvagerie et que, mue par quelques intuitions macabres, elle va mener l'enquête du côté de Latham Manor où de richissimes retraités disparaissent à un rythme accéléré. Comme elle n'a pas froid aux yeux, Maggy, elle s'installe dans la maison de la morte (nous, on serait allé à l'hôtel, ou, mieux, on serait rentré dare-dare à New York), et elle attend, non sans intrépidité, l'assassin, qui, tout le monde le sait, revient sur les lieux de son crime et, comme le fameux facteur, frappe toujours deux fois.* Moyennant quoi, elle rencontre des jeunes *traders* aussi acharnés à faire fortune que MM. Arthur et Delarue de France Télévision, mais qui tout de même ramassent moins d'argent. Mrs Higgins Clark, qui est une artiste minutieuse, ne laisse rien au hasard. Comme dans ses précédents romans, elle restitue le milieu où elle fait évoluer et mourir ses personnages. En quelque sorte, elle décortique son Amérique, qui, toute bourgeoise qu'elle puisse paraître, n'est pas moins terrifiante que celle des illuminés, des sectes et des serial killers. Et c'est ce mélange de confort et de terreur qui donne à son entreprise cette poésie aussi macabre qu'envoûtante. Tenez, quand Maggy, ce qui était fatal, se retrouve enterrée vivante, eh bien, on a l'impression que son cercueil est climatisé. Mon Dieu ! Excusez-nous, on vous en a déjà trop dit !

Jean-François Josselin

La Maison du clair de lune, par Mary Higgins Clark, traduit de l'américain par Anne Damour, Albin Michel, 376 pages, 130F.

* « Le facteur frappe toujours deux fois » : titre d'un film célèbre.

a) À quel genre ce livre appartient-il ? Quels sont les éléments qui vous permettent de le caractériser ?

b) Pourquoi Jean-François Josselin refuse-t-il de présenter le noeud de l'intrigue ? Peut-on malgré tout s'en faire une idée ? Expliquez.

c) Josselin a choisi « La poésie des tueurs » comme titre de son compte rendu. Justifiez ce choix.

d)   Pourquoi Josselin dit-il que Mary Higgins Clark « décortique son Amérique » ?

e)   Vocabulaire :

1) - « Véreux(se) » :
   - déterminez à l'aide d'un dictionnaire le sens littéral de ce mot et faites une phrase où vous l'utiliserez dans cette acception.

   - dans le texte le mot « véreux » est-il utilisé littéralement ? Trouvez un synonyme de ce mot tel qu'il est utilisé dans le contexte.

2) - « Passer l'arme à gauche » : cette expression se trouve dans le *Petit Robert*.

   - À quel mot la trouve-t-on dans le dictionnaire ?
   - À quel niveau de langue appartient-elle ?
   - Donnez le synonyme le plus courant.

3) - « Ne pas avoir froid aux yeux » :
   - Donnez comme synonyme une expression courante.

4) - « Dare - dare » :
   - Indiquez le niveau de langue de cette expression et donnez-en un synonyme.

Exercice

Faites le compte rendu d'un roman policier de votre choix.

5.   Impératrice et homme d'État[10]

Catherine II, par Hélène Carrère d'Encausse (Paris, Fayard, 670 p., 25 E)

[Si Hélène Carrère d'Encausse brosse un irréprochable portrait politique de Catherine II, on regrette qu'elle oublie l'amie des arts et la grande amoureuse.]

Quels souvenirs le touriste garde-t-il de Catherine II, après un voyage à Saint-Petersbourg ? C'est elle, se dit-il, qui a fondé le Musée de l'Ermitage. Elle, qui a embelli sa capitale en faisant revêtir de magnifiques quais de granite les rives de la Neva. Elle, qui a fait élever, par le sculpteur Falconet, la célèbre statue de Pierre le Grand à cheval.

C'est sous son règne qu'ont été construits le palais de Marbre, le palais de Tauride, l'Académie des Beaux-Arts, l'Institut Smolny, le palais et le parc de

Pavlovsk, agrandi le palais de Tsarskoïe Selo, etc. Or, de toute cette politique artistique, Hélène Carrère d'Encausse ne souffle mot.

Les amants ? La frénésie sexuelle de la « Sémiramis du Nord » (Voltaire) est mentionnée, mais en passant, et ce qui est tu, c'est que cette consommation phénoménale de jouvenceaux allait de pair avec l'organisation méthodique des débauches. Allemande de naissance, Catherine II faisait essayer par une dame d'honneur ses amants avant de les admettre dans son lit. Quand on écrit une biographie, pourquoi en gommer tous les aspects amusants ?

On connaît le style sévère et altier des ouvrages d'Hélène Carrère d'Encausse : de Lénine, de Nicolas II elle a fait des portraits réduits au strict profil politique, sans anecdotes ni embardées piquantes, ce qui était justifié par la nature même des sujets. Même méthode ici, et le lecteur est un peu déçu de ne trouver qu'un chef d'État et une ligne de gouvernement austère, là où il attendait le foisonnement de la vie.

Justement, répondrait la biographe, je n'ai pas voulu renchérir sur ce qui a été dit cent fois et excellemment, j'ai voulu mettre en relief l'extraordinaire génie de Catherine II pour réformer son pays, et l'agrandir par des conquêtes militaires (annexion de la Crimée, partage de la Pologne). Elle a ouvert son pays aux Lumières françaises, invité Diderot à Saint-Pétersbourg, correspondu avec Grimm et Voltaire, annoté Montesquieu et Bayle - même si la Révolution et la « canaille » qui a guillotiné Louis XVI l'ont scandalisée et horrifiée. Elle a contribué à l'émancipation des femmes - qui joueraient au XIXe siècle un si grand rôle dans le sapement de l'autocratie tsariste. Enfin, elle a installé, et pour toujours, la Russie au rang des principales puissances mondiales.

Et c'est là en effet le mérite de ce livre, que de nous rappeler qu'avant tout Catherine II a été ce cerveau admirablement organisé et conduit par la pensée unique d'affermir son pays aussi bien à l'intérieur que sur la scène internationale. Usurpatrice et régicide, elle avait commencé son règne en faisant assassiner son époux Pierre III pour lui voler le trône.

L'époux était falot, puéril, entiché de militarisme prussien. Jamais Catherine ne se laissa dicter sa politique par ses amants. Elle contrôlait tout, décidait de tout.

Seul échec dans ce parcours impeccable : le fiasco de ses rapports avec son fils, qui lui succéda sous le nom de Paul Ier. Elle le haïssait, peut-être parce qu'elle voyait en lui le reflet de l'homme qu'elle avait fait tuer pour s'assurer le pouvoir. À peine devenu tsar, Paul prit une initiative qui ne peut que fasciner notre époque où la « question du père » a pris la place que l'on sait. Il fit déterrer son père, modestement inhumé depuis trente-quatre ans dans la laure* Alexandre Nevski, transporter le corps au palais d'Hiver, exposer le squelette à coté du cadavre de sa mère, après quoi, les deux époux qui s'étaient haïs de leur vivant furent conduits dans la cathédrale Saint-Pierre-et-Saint-Paul et inhumés côte à côte dans le mausolée des Romanov. Grandiose réhabilitation du père, lors du plus imposant spectacle psychanalytique que l'histoire ait jamais enregistré.

---

* une laure est un monastère orthodoxe.

a)   Pourquoi le surtitre est-il approprié ?

b)   Que reproche l'auteur du compte rendu à la biographe ?

c)   Comment expliquer les lacunes du livre ?

d)   Quel est l'intérêt principal de ce livre ? (Développez votre réponse)

6.   <u>**Le retour de l'enfant prodige**</u>[11]

De livre en livre, Dany Laferrière régresse. Il était, dans *Comment faire l'amour avec un nègre sans se fatiguer,* moderne à mort, cultivant le scandale, la distance ironique. Le voici, dans son septième livre, revenu auprès de sa chère maman à Port-au-Prince, enfant prodigue repenti, fils dévoué, fils nourrisson, pratiquant le retour au pays natal de la façon la plus décidée, allant même jusqu'à rentrer dans des mythes locaux ou nationaux qui contredisent de la plus expresse façon la modernité, disons montréalaise.

On n'ira pas voir un psychanalyste pour se faire expliquer ça. On lira un roman quasi autobiographique parfois un peu agaçant par sa naïveté voulue, le plus souvent attachant, étrange, déroutant : un des meilleurs que Dany Laferrière ait écrits. La régression, en littérature, n'est pas toujours une mauvaise idée.

Arrive donc, dans son Haïti natal, le célèbre auteur de *Comment faire l'amour* et caetera, la vedette de la télévision québécoise, le garçon qui a réussi au-delà de toutes les espérances. Le pays auquel il revient est celui des pauvres – un chien mort en témoigne, là, tout près de lui, devant la maison de sa mère – assez différent de celui, flamboyant d'imagination, que nous donnait il y a quelque temps Émile Ollivier dans *Les Urnes scellées*. Pourquoi ce retour ? Cela va un peu plus loin que le jeu habituel des retrouvailles : il s'agit de retrouver un corps, son propre corps, et à qui le demander si ce n'est à sa mère ? De celle-ci, pauvre, généreuse, à l'aise dans son existence malgré les difficultés de la survie dans la misère où elle est forcée de vivre, Dany Laferrière brosse un portrait chaleureux, à la limite de l'adoration. Haïti, avant toute chose, avant tout discours, c'est elle.

Puis il va retrouver ses amis d'adolescence, le parvenu de Pétionville, le chanteur devenu l'idole de la jeunesse mais resté près des pauvres, et les trois échangent des souvenirs, des réflexions sur le pays. Mais, depuis le début du récit, une autre histoire, fantastique celle-là, s'est conjuguée avec celle des retrouvailles, une histoire nourrie par les anciennes croyances haïtiennes. Il s'agit des morts. Des morts qui ne sont pas vraiment morts. Des vivants qui sont déjà morts. Ne me demandez pas d'entrer dans les détails, je m'y perdrais, je n'ai pas l'habitude de ces choses, je suis un Montréalais blanc rationnel. Je ne raconterai pas, non plus, le voyage que fait le narrateur, à la fin, de l'autre côté de la vie. Dany Laferrière ne nous dit pas si ces échanges entre la vie et la mort sont des malédictions ou des faveurs. Il nous arrive de penser qu'Haïti elle-même est le « pays sans chapeau », le pays des morts, à cause de son insondable misère. Mais il y a autre chose, de plus secret. Lisez le roman de Laferrière ; vous comprendrez peut-être.

Pays sans chapeau, Dany Laferrière,
Lanctôt Éditeur, 224 pages, 19,95 $

a) Qu'est-ce qu'un enfant prodigue ? À l'aide du *Petit Robert* déterminez le sens exact de cette expression et son origine.

b) Pourquoi dans son titre « *Le retour de l'enfant prodige* » Gilles Marcotte n'a-t-il pas écrit « prodigue » ?

c) Pourquoi Marcotte parle-t-il de régression ? Utilise-t-il ce terme péjorativement ?

d) Qu'incarne le personnage de la mère dans le récit ?

e) Distinguez en deux phrases les deux histoires qui se mêlent dans ce livre.

f) Faites le compte rendu plus développé (400 mots environ) du roman dont vous avez déjà fait un bref compte rendu.

Exercice

Faites le compte rendu en 150 mots d'un livre que vous avez particulièrement aimé.

5. **Vocabulaire utile : expressions tirées des comptes rendus ci-dessus**

Le critique se garde bien de révéler ce qui se trouve dans le livre
Dans ce roman policier, c'est une héroïne qui mène l'enquête
L'auteur se livre à un travail minutieux et ne laisse rien au hasard
La romancière restitue le milieu où elle fait évoluer ses personnages
Ce mélange de confort et de terreur donne à son entreprise cette poésie aussi macabre qu'envoûtante
L'artiste excelle dans les atmosphères urbaines nocturnes
L'histoire aurait gagné à se terminer plus tôt
C'est un auteur qui cultive le scandale
C'est un roman quasi autobiographique
C'est un livre parfois un peu agaçant par sa naïveté voulue
C'est un livre remarquable par son évocation de la bourgeoisie américaine
C'est une oeuvre attachante et parfois déroutante.

VI   COMPTES RENDUS D'EXPOSITIONS

1.   Montréal, années 20[12]

Montréal était mignonne dans les années 20, comme en témoigne la centaine d'oeuvres des 42 artistes qui l'ont croquée dans tous ses élans, états. *Peindre à Montréal, 1915-1930* mise sur quelques vedettes : Marc-Aurèle Fortin, Clarence Gagnon, Marc-Aurèle De Foy Suzor-Coté... Galerie de l'UQAM, à Montréal, jusqu'au 5 oct. Entrée gratuite. Puis au Musée de Charlevoix, à La Malbaie, du 20 oct. au 15 janv.

a)   Situez cette exposition.

b)   Exposez son thème.

c)   Le(La) journaliste en fait-il des commentaires positifs ou négatifs ?

d)   À travers quels mots devine-t-on son opinion ?

e)   Quelles sont les qualités du titre de ce compte rendu ?

2.   Une sculpture trop séparatiste[13]

Une exposition fait actuellement beaucoup de bruit à Charlottetown. *Visions du Québec* veut montrer la vie politique et culturelle du Québec comme la voient ses artistes. La controverse vient d'une sculpture d'Armand Vaillancourt : environ 300 arbres peints de couleurs vives, suspendus au plafond, un « chant des peuples », mais dans lequel se détache un tronc bleu marqué de fleurs de lys. Le titre de l'oeuvre ne laisse planer aucune équivoque : *Pour le droit inaliénable des peuples à l'autodétermination.*

Les articles de journaux et les répliques se succèdent : qu'est-ce qui a pris au Centre des arts de la Confédération de payer, avec l'argent des contribuables, un artiste séparatiste ?

Visions du Québec montre cependant différents courants. En face de la sculpture d'Armand Vaillancourt, le peintre gaspésien Pierre Bujold donne la réplique avec ses tableaux où les emblèmes du Canada et du Québec se côtoient, se fondent, se superposent. On y retrouve également les tableaux de Dennis Tourbin sur la crise d'Octobre, des poèmes, une sculpture et une vidéo. L'exposition se tient jusqu'au 31 octobre.

Emmanuèle Garnier

a) Où se situe l'introduction de ce compte rendu ?

b) Situez cette exposition.

c) Exposez son thème.

d) Pourquoi cette exposition provoque une telle controverse ?

e) Quelles sont les réactions de la presse ?

f) Qu'en pense la journaliste et à travers quels mots devine-t-on son opinion ?

g) Quelles sont les qualités du titre de ce compte rendu ?

3. **Picasso : l'art du portrait**[14]

C'est sans conteste l'un des événements de la rentrée. Présentée au Musée d'Art Moderne de New York, cette exposition a déjà remporté un extraordinaire succès. Près de 150 tableaux et dessins retracent l'aventure sans cesse renouvelée de Picasso à travers les portraits de ses amis, de ses épouses ou de ses compagnes, de ses enfants. Des musées du monde entier, des collections privées ont accepté de prêter leurs oeuvres. L'exposition est un parcours biographique, et surtout un moyen d'appréhender les facettes imprévisibles d'un génie dont les audaces n'ont pas fini de nous surprendre.

« Picasso et le portrait ».
Grand-Palais, du 18 octobre au 20 janvier.

a) Pourquoi le titre est-il intéressant ?

b) Comment l'auteur(e) de ce compte rendu parvient-il(elle) à piquer la curiosité des lecteurs ?

c) Situez cette exposition.

d) À travers quels mots perçoit-on l'opinion du(de la) journaliste ?

e) Quel est le thème de cette exposition ?

4. L'Orient à Paris[15]

Orient mystérieux, Orient magique. Deux expositions le célèbrent cet automne à Paris. Le Grand-Palais accueille ainsi le Japon, ou plus précisément un ensemble de 50 chefs-d'oeuvre de l'art bouddhique jamais montrés en France. Vénus du Temple de Kofukuji, sculptures, portraits de patriarches, mandalas résument sept cents ans de création artistique, du VIIe au XIIIe siècle. Au Petit-Palais, c'est l'Empire du Milieu qui est à l'honneur à travers l'évocation de l'époque Qing (1644-1911). On pourra découvrir les fastes de la vie impériale au coeur de la Cité interdite. Des objets précieux, des costumes, des bijoux, des calligraphies restituent les rites et le raffinement de la vie des cours impériales chinoises.

a) Comment le titre parvient-il à piquer la curiosité des lecteurs ?

b) Situez ces deux expositions.

c) Quels en sont les thèmes et qu'est-ce qui les réunit ?

d) L'auteur de ce compte rendu exprime-t-il une opinion ou demeure-t-il plutôt neutre ?

e) Comment parvient-il à nous donner l'envie de les découvrir ?

5. Vocabulaire utile : expressions tirées des comptes rendus d'expositions ci-dessus

Un musée, une galerie d'art accueillent une exposition
Des oeuvres témoignent de...
L'artiste croque une ville, une région, un personnage...
Des chefs-d'oeuvre qui montrent la vie politique, culturelle... d'une ville, d'un pays...
Un(e) sculpteur(trice) fait des sculptures
Un(e) peintre fait des tableaux (huiles, aquarelles...), des dessins, des esquisses...
Une exposition fait du bruit, remporte un succès extraordinaire
Une exposition passe inaperçue.

VII COMPTES RENDUS DE DISQUES

1. Martin Léon[16]

[*Kikki BBQ* La Tribu (54 min)]

Martin Léon, multi-instrumentaliste, ancienne moitié du duo Ann Victor, fabrique sa pop quasi tout seul dans son studio. Sur *Kiki BBQ*, son premier album solo, l'unité de ton et de langage fait que la trop courte heure du disque file à toute vitesse. On peut faire rejouer sans se lasser. Parfois country, souvent groovant, toujours *relax*, Martin Léon nous chuchotte-chantonne ses petites histoires sans faire trop de décibels. Treize pièces, dont une en anglais, une dans une langue inventée, une instrumentale et les dix autres en français très québécois. Toute la substantifique moelle d'un certain type de conversation philosophique est délicieusement cristallisée dans « C'est ça qui est ça » … Deux minutes après la dernière pièce, un long instrumental basse-piano non annoncé vient nous bercer; un beau cadeau planant.

a) Quelles qualités l'auteur de ce compte rendu trouve-t-il à cet enregistrement?

b) Qu'est-ce qui caractérise la façon de chanter de Martin Léon?

c) Qu'apprend-on sur le contenu de la chanson « C'est ça qui est ça »?

d) Expliquez la fin de la dernière phrase « un beau cadeau planant ». Trouvez un mot ou une expression synonyme de « planant »

E.S.T[17]

[*Strange Place for snow* Columbia (66 min)]

E.S.T. pour Esbjorn Svensson Trio. Formation classique de jazz : piano, contrebasse et batterie. Musiciens accomplis, les gars d'E.S.T. fouillent, explorent et nous offrent un jazz des plus modernes. Le trio suédois aime bien Radiohead, s'intéresse au drum and bass, et l'archet sur la contrebasse parfois branchée peut produire des sons étranges.

Pièces introspectives et mélodiques alternent avec du plus ludique et du plus musclé. Comme sur l'athlétique « When God created the coffeebreak », l'ironiquement nommée où les trois compères galopent furieusement sur une ligne de basse d'inspiration Bach. Grande cavalcade énergique aussi dans la longue et intense « Behind the Yashmak ». Attention, ne figurant pas sur la pochette, un cadeau (suspect cette fois) très électronique vient nous malmener trois minutes après la dernière pièce, Dans le site Web du groupe, vous pouvez entendre une pièce inédite chaque semaine. Généreux.

www.esbjornsvenssontrio.com
www.columbiarecords.com/est

a) Qu'apprécie l'auteur du compte rendu dans cet enregistrement?

b) Que n'aime-t-il pas et pourquoi?

Ouvertures italiennes[18]

[Ouvertures d'opéras de Monteverdi, Pergolesi, Cimarosa, Cherubini, Rossini, Donizetti, Bellini, Verdi, Ponchielli et Mascagni. Orchestre de l'Académie nationale Sainte-Cécile (Rome), dir. Myung-Whum Chung. DGG 471 566-2.]

Les ouvertures d'opéras italiens sont généralement à l'image des vernissages et des soirées d'inauguration : des moments de réjouissance, pétillants d'esprit.
Avec ce nouvel enregistrement de l'Orchestre de l'Académie nationale Sainte-Cécile, une formation romaine en voie de devenir le meilleur orchestre de la péninsule italienne, tous les plaisirs espérés sont au rendez-vous. De son triomphe de la fanfare de l'*Orfeo*, de Monteverdi – considéré comme le premier véritable opéra – qui ouvre le disque, jusqu'au lyrisme charmeur de celle de l'*Amico Fritz*, de Mascagni, qui en constitue la dernière plage, il n'y a aucun moment d'ennui. Parfois, un nuage de drame passe, comme dans *La Forza del Destino*, de Verdi (qui nous rappelle la trame sonore du film *Jean de Florette*), question de varier et d'apporter une autre sensation. N'ayez crainte, tout cela est offert avec beaucoup de style, car le chef et l'orchestre sont aussi pris que nous par cette musique séduisante et stimulante.

a) Expliquez la comparaison de la première phrase.

b) Ce compte rendu est-il favorable ou défavorable? Pourquoi?

Jean Sébastien Bach[19]

[15 *Inventions à deux voix*, BWV 772-786; 15 *Sinfonias à trois voix*, BMV 787-801; 4 *Duettos*, BMV 802-805. Sophie Cristofari, piano. OGAM 488001-2]

Vous avez inscrit vos jeunes à des cours de piano? Auquel cas ils devront tôt ou tard se plier à l'exécution de ces pièces pédagogiques que Bach a créées pour ses élèves et ses enfants. Il y a mis tout l'amour du véritable enseignant qui veut donner le goût de la musique. Cet enregistrement possède trois vertus. La première est l'interprétation, vraiment remarquable; la deuxième vient de ce que vos apprentis pianistes auront un modèle de qualité pour orienter les heures d'apprentissage ; la troisième est cette part du bonheur dans l'attente du résultat final, qui viendra après que vos gamins auront fait leurs gammes, quand leurs doigts se seront assez dégourdis. Vous saurez que ce qu'ils travaillent est vraiment de la très bonne musique et goûterez en prime la grande beauté de ce répertoire trop souvent confié au local d'exercices.

a) Quelles qualités l'auteur trouve-t-il à cet enregistrement?

b) Que sait-on de cette musique composée par Bach?

c) Que veut dire la seconde partie de la dernière phrase?

Robert Schumann[20]

[*Concerto en la mineur pour piano et orchestre*, op. 54; *Introduction et Allegro appasionato en sol pour piano et orchestre*, op.92; *Konzertsück en for pour quatre cors et orchestre*, op. 86 (arrangement pour piano par le compositeur).

Anton Kuerti, piano; Orchestre de la radio de la CBC, dir. Mario Bernardi.
Disques SRC, coll. SMCD 5000, SMCD 5218]

Quand le pianiste canadien d'origine autrichienne Anton Kuerti joue, surtout du Schumann, on écoute toujours avec attention. L'énergie de cet interprète et son inspiration débordent de partout sur le disque.

L'orchestre et le chef ne sont peut-être pas à la hauteur du pianiste, mais qu'importe : ce dernier draine tout son sillage. Si le concerto est vraiment très connu, cette interprétation vous en fera découvrir de nouveaux aspects étonnants. La surprise vient de la version pour piano du *Konzertsück en fa pour quatre cors et orchestre*. Vous voulez savoir ce qu'est la passion de la génération romantique des années 1810 ? Vous la trouverez ici tout entière.

À recommander, sans hésitation aucune.

a) Pourquoi l'auteur recommande-t-il ce disque?

b) Quelles réserves l'auteur émet-il cependant?

Reynaldo Hahn[21]

Envolez-vous avec ces vers ailés vers la volupté de salons parisiens du versant du siècle ; n'ayez pas peur : alanguissez vos soirées d'automne. Un nostalgique coffret par quatre chanteurs, un choeur et un pianiste qui rivalisent de style et d'élégance dans ce répertoire facile, portrait d'une société insouciante. Qu'importe : « Si mes vers avaient des ailes » fait toujours plaisir à réentendre par Felicity Lott. Le ténor me pose plus de problèmes ; le beau baryton de Stephen Varcoe le fait oublier, malgré son manque de coffre. Il faut dire que le genre se porte mieux au soprano et à cette voix grave légère. On ne saurait résister à ce velours.

Glenn Gould[22]

Encore un coffret double. Un premier disque pour Bach, le second pour tout sauf Bach. Plus : un objet de consommation amusant que vous regarderez et lirez (il est facilement disponible en français) pour rire un peu avec Glenn Gould et mieux l'apprivoiser. On oublie souvent que ce maniaque était irrésistible de taquinerie. Les nombreuses photos (« ceci est un album ! ») vont vous amuser au plus haut point.

Brahms[23]

Du vrai Brahms, lourd, costaud et robuste. Certains phrasés de Masur donnent le vertige, comme lorsqu'il s'attarde, dès le départ, à faire traîner douloureusement la première note. On embarque d'office. Le ton reste incisif et sans mollesse, pour fouetter le sang, comme on aime à l'aimer. Le deuxième mouvement est si poignant qu'on doit arrêter son appareil avant de poursuivre. Après un troisième mouvement quelconque, la passacaille finale s'impose en grande réussite de cet enregistrement sur le vif. En prime, le peu connu *Chant du destin*, une curiosité : le chœur n'est techniquement pas à la hauteur. Reste l'intérêt certain de la rareté.

a) Délimitez là où le journaliste situe les nouveaux disques, là où il expose leur contenu et là où il présente son opinion.

b) Quels procédés stylistiques utilise-t-il pour piquer la curiosité des lecteurs et leur donner l'envie de les acheter ?

2. **Vocabulaire utile : expressions tirées des comptes rendus de disques ci-dessus**

Un coffret de disques, de disques compacts (CD)
Un enregistrement réussi
Un chanteur, une chanteuse
Un chœur
Un(e) pianiste
Un répertoire restreint ou large
Une voix grave ou aiguë
Un orchestre
Une note (de musique)
Les mouvements de la symphonie

Notez la différence orthographique entre les mots suivants :

Le public   la république

ex. : Le public a réservé un accueil enthousiaste à cette actrice.

Tous les États ne sont pas des républiques.

Notez la différence orthographique entre le masculin et le féminin des adjectifs suivants :

Laïc   laïque

Public   publique

ex. : La France est un État laïc.

La France est une république laïque.

Il y aura un concert public à l'église Saint-Paul vendredi à 21h.

Le Premier ministre doit faire une déclaration publique télévisée ce soir à 20h.

Exercice

Faîtes le compte rendu en 80 mots (sans compter les articles définis ou indéfinis) d'un disque que vous aimez particulièrement.

Notes :

1. *Le Devoir*, 18–19 novembre 1995.

2. Dans ce même numéro du *Devoir*, Odile Tremblay propose aux lecteurs un compte rendu plus succinct de ce film.

3. *La Presse,* Montréal, samedi 18 novembre 1995.

4. *Le Devoir*, samedi 18 – dimanche 19 novembre 1995.

5. *Le Devoir*, samedi 18 – dimanche 19 novembre 1995.

6. *Le Nouvel Observateur*, N°1980, 17–23 octobre 2002.

7. *L'Actualité*, 1er octobre 1996.

8. *L'Actualité*, 1er octobre 1996.

9. *Le Nouvel Observateur*, 31 mai – 5 juin 1996.

10. *La Rentrée Littéraire*, n.1981, 24 – 30 octobre 2002.

11. *L'Actualité*, 1er octobre 1996.

12. *L'Actualité*, 1er octobre 1996.

13. *L'Actualité*, 15 septembre 1996.

14. *Le Nouvel Observateur*, du 5 au 11 septembre 1996.

15. *Le Nouvel Observateur*, du 5 au 11 septembre 1996.

16. *L'Actualité*, 15 octobre 2002.

17. *L'Actualité*, 1er octobre 2002.

18. *L'Actualité*, 1er octobre 2002.

19. *L'Actualité*, 1er octobre 2002.

20. *L'Actualité*, 1er octobre 2002.

21. *L'Actualité*, 15 octobre 1996.

22. *L'Actualité*, 15 octobre 1996.

23. *L'Actualité*, 15 octobre 1996.

Suggestions bibliographiques

Besson, Robert. *Guide pratique de la communication écrite*, Paris, Edition Castella, 1987, 192 p.

Simard, Jean-Paul. *Guide du savoir-écrire*, Montréal, Les Éditions de l'homme, 1998, 536 p. ISBN : 2761914422.

4. LE DISCOURS DESCRIPTIF : DE LA DESCRIPTION AU PORTRAIT

I   **QU'EST-CE QU'UNE DESCRIPTION ?**

Décrire, c'est traduire à l'aide de mots la perception que l'on a du monde extérieur.

1.   **Les caractéristiques de la description**

La description est liée à deux phénomènes :

- le monde extérieur qui existe par lui-même
- la perception que chaque individu a de la réalité qui l'entoure.

Ainsi la description d'un même objet faite par différentes personnes va donner lieu à des textes très différents.

2.   **Les différents usages de la description**

La description est utilisée dans le journalisme (ex. dans les reportages), dans la publicité (ex. les dépliants touristiques) et dans la littérature. La description littéraire évoque le décor et l'atmosphère où évoluent les personnages. L'espace romanesque est alors indissociablement lié à ces derniers.

Dans la vie de tous les jours, nous faisons constamment appel à la description pour décrire un lieu, un objet, une personne et des événements.

3.   **Variantes de la description**

Le portrait est la forme que prend la description quand l'objet de cette dernière est un être vivant.

La caricature est un portrait où certains traits propres au sujet sont délibérément exagérés à des fins comiques ou dérogatoires.

II PROCÉDÉS DE STYLE SOUVENT UTILISÉS DANS LE DISCOURS DESCRIPTIF : IMAGES, MÉTAPHORES, COMPARAISONS

1. L'image

L'image est le terme général qui indique les procédés stylistiques par lesquels on établit des analogies entre deux éléments (le comparé et le comparant).

Les comparaisons et les métaphores sont des images. Un style imagé est un style qui a recours à ces procédés stylistiques.

2. La comparaison

Ce procédé établit l'analogie entre les deux éléments (le comparé et le comparant) au moyen de mots-outils (termes syntaxiques ou lexicaux) tels que **comme, pareil(le) à, tel(le) que, semblable à**, etc.

De nombreuses comparaisons sont devenues des lieux communs du langage :

blanc(che) comme la neige   être haut(e) comme trois pommes
têtu(e) comme une mule   heureux(euse) comme un poisson dans l'eau
sage comme une image   se ressembler comme deux gouttes d'eau...

Les bons écrivains rejettent ces lieux communs pour créer des images originales :

« Elle a passé **la jeune fille**, vive et preste comme **un oiseau** »[1]
         = le comparé   = le comparant

Par cette comparaison l'auteur fait ressortir la légèreté de la démarche de la jeune fille.

3. La métaphore

Ce procédé établit l'analogie entre les deux éléments sans recourir à des mots-outils.

De nombreuses métaphores sont devenues des lieux communs du langage :

la source du problème
la racine du mal, etc.

Les bons écrivains rejettent ces clichés pour créer des métaphores originales :

« Je parle un langage de décombres où voisinent les soleils et les plâtras »[2]

☞   Expliquez cette métaphore. Pourquoi le poète l'utilise-t-il ?

Remarques et conseils

- Quand les images ne sont ni neuves ni originales, ce sont des clichés. Il faut les éviter.

- Si vous utilisez plusieurs images pour décrire le même objet, il faut que ces images aient un lien entre elles. Si vous comparez une rondelle d'orange à un soleil, n'allez pas ensuite la comparer à une roue de bicyclette.

III   LA DESCRIPTION D'OBJETS

1.   La description objective

☞   L'auteur(e) semble s'effacer au profit de l'objet/du sujet décrit.

☞   L'objet/le sujet est décrit avec une grande minutie.

☞   L'auteur(e) a recours à un vocabulaire précis, technique ou scientifique au besoin.

☞   Il(Elle) évite les jugements de valeur : les lecteurs ne décèlent pas les sentiments de l'auteur(e) envers l'objet ou le sujet décrit.

Le quartier de tomate

Un quartier de tomate en vérité sans défaut, découpé à la machine dans un fruit de symétrie parfaite.

La chair périphérique, compacte et homogène, d'un beau rouge de chimie, est régulièrement épaisse entre une bande de peau luisante et la loge où sont rangés les pépins jaunes, bien calibrés, maintenus en place par une mince couche de gelée verdâtre le long d'un renflement du cœur. Celui-ci, d'un rose atténué, légèrement granuleux, débute, du côté de la dépression inférieure, par un faisceau de veines blanches dont l'un se prolonge jusque vers les pépins – d'une façon peut-être un peu incertaine.

Tout en haut, un accident à peine visible s'est produit : un coin de pelure, décollé de la chair sur un millimètre ou deux, se soulève imperceptiblement.

Alain Robbe-Grillet,
Les Gommes, 1953.

a) À l'aide du *Petit Robert* (ou d'un dictionnaire équivalent) donnez le sens **dans le contexte** des mots suivants :

la loge :
calibrés :

b) Analysez les termes descriptifs en mettant en évidence les domaines scientifiques auxquels ils appartiennent.

c) Pourquoi l'auteur a-t-il fait appel à ces domaines ?

d) Justifiez la fonction du dernier paragraphe.

2. La description subjective

☞ L'auteur(e) exprime ouvertement ses sentiments envers l'objet/le sujet qu'il(elle) décrit.

☞ Il(Elle) dissémine un certain nombre de jugements de valeur dans son texte et a recours à des termes mélioratifs ou péjoratifs.

☞ Les images (comparaisons et métaphores) traduisent la vision personnelle que l'auteur(e) a de l'objet/du sujet décrit.

Le pain

La surface du pain est merveilleuse d'abord à cause de cette impression quasi panoramique qu'elle donne : comme si l'on avait à sa disposition sous la main les Alpes, le Taurus ou la Cordillère des Andes.

Ainsi donc une masse amorphe en train d'éructer fut glissée pour nous dans le four stellaire, où durcissant elle s'est façonnée en vallées, crêtes, ondulations, crevasses... Et tous ces plans dès lors si nettement articulés, ces dalles minces où la lumière avec application couche ses feux, sans un regard pour la mollesse ignoble sous-jacente.

Ce lâche et froid sous-sol que l'on nomme la mie a son tissu pareil à celui des éponges : feuilles ou fleurs y sont comme des sœurs siamoises soudées par tous les coudes à la fois. Lorsque le pain rassit, ces fleurs fanent et se rétrécissent : elles se détachent alors les unes des autres, et la masse en devient friable... Mais brisons-la : car le pain doit être dans notre bouche moins objet de respect que de consommation.

Francis Ponge,
Le parti pris des choses, 1942.

a) Relevez dans ce texte les adjectifs mélioratifs et péjoratifs, c'est-à-dire qui impliquent un jugement de valeur de la part de l'auteur.

b) Relevez deux adjectifs qui sans être forcément péjoratifs, peuvent prendre une connotation péjorative dans ce contexte.

c) Que sait-on du goût de l'auteur pour le pain ?

d) Cherchez dans le *Petit Robert 2* des noms propres où se trouvent les Alpes, le Taurus et la Cordillère des Andes. Qu'est-ce que ces régions ont en commun? Pourquoi l'auteur fait-il appel à ces comparaisons ?

e) Relevez toutes les comparaisons et métaphores de ce texte.

f) Comment contribuent-elles à la cohérence stylistique de cette description?

g) Que veut évoquer l'auteur dans ce premier paragraphe ?

h) Quelles différences stylistiques relevez-vous entre la partie principale de ce texte et ses deux dernières lignes de conclusion ?

i) Quelle est l'intention de l'auteur dans sa conclusion ?

j) Si l'on compare les deux descriptions précédentes, dans quel texte la présence de l'auteur se fait-elle le plus sentir ? Justifiez votre réponse.

k) L'intention des auteurs des deux descriptions ci-dessus est-elle la même ? Précisez votre réponse.

IV VOCABULAIRE UTILE À LA DESCRIPTION D'OBJETS

1. Savoir exprimer la taille d'un objet : un objet de petite ou de grande taille

Cette boîte mesure _____ centimètres de long sur _____

centimètres de large et _____ centimètres de haut.

2. Savoir exprimer le poids

C'est un colis de trois kilos environ.
Cette valise pèse 10 kilos.

3. Savoir exprimer la texture

Une texture peut être lisse, soyeuse, veloutée, sèche, rugueuse ou granuleuse. Elle peut être molle, lâche, spongieuse, caoutchouteuse, élastique ou ferme, dense, compacte, homogène, etc.

4. Savoir exprimer les couleurs

☞ Il faut absolument revoir les règles d'accord des adjectifs de couleur dans une bonne grammaire de référence. Certains adjectifs sont en effet invariables.

☞ Il faut essayer d'évoquer les couleurs de façon très précise. Ainsi, un rouge vif peut être décrit comme un rouge éclatant, un rouge cerise, un rouge coquelicot, un rouge franc ; un rose vif comme un rose bonbon ou un rose fluo (ou fluorescent) ; un vert vif comme un vert éclatant, un vert acidulé, un vert fluo (ou fluorescent) ; un jaune soutenu comme un jaune d'or, un jaune citron, un jaune moutarde.

☞ De la même façon, un rose pâle peut être décrit comme un rose clair, un rose pastel, un rose délicat, etc.

☞ Pour décrire « off-white » il vaut mieux utiliser crème, ivoire, écru que blanchâtre ou jaunâtre : en effet le suffixe en « âtre » peut donner une connotation péjorative. Des rideaux blancs s'ils ne sont pas lavés régulièrement deviennent blanchâtres.

☞ « Blême » pour décrire le teint d'une personne a une connotation négative (forte émotion négative ou maladie).

☞ « Pâle » n'a pas de connotation négative.

☞ Pour exprimer la couleur des cheveux (de la chevelure) on utilise « roux (rousse) » en français au lieu de « rouge ».

> ex. This Russian girl has a beautiful head of **red** hair.
> Cette jeune fille russe a une belle chevelure **rousse**.
>
> This boy's hair is as **red** as his father's.
> Les cheveux de ce garçon sont aussi **roux** que ceux de son père.

☞ Dans certaines expressions idiomatiques, les couleurs ne correspondent pas d'une langue à l'autre :

> ex. poisson **rouge** - **gold**fish
> être **jaune** de jalousie - to be **green** with envy
> être **vert** de rage - to be **livid** with rage

☞ D'autres expressions idiomatiques ne peuvent pas se traduire littéralement :

> ex. être blanc de peur
> être dans une colère bleue
> voir rouge

5. Exercices

a) Choisissez un des fruits suivants et décrivez-le en 150 mots :

une pomme, une grappe de raisin, une fraise, un kiwi, une orange ou un citron coupés en deux.

b) Choisissez une fleur et décrivez-la en 150 mots.

c) Décrivez en 150 mots un crayon (un stylo) ou une bougie.

d) Décrivez en 150 mots un tableau représentant une nature morte (bouquet de fleurs, fruits, etc.).

Avant de faire ces exercices, suivez les conseils suivants :

☞ Ne décrivez que l'objet indiqué.

☞ Si vous utilisez des images, assurez-vous que ces dernières aient un lien et une cohérence interne entre elles.

☞ Consultez des livres de science ou des dictionnaires pour trouver les termes techniques qui conviennent.

☞ Essayez de traduire à l'aide de mots choisis avec soin le caractère unique de l'objet décrit. Ainsi, deux oranges peuvent différer par la taille, la couleur, la texture de la peau, le degré de maturité, etc.

☞ Revoyez les règles de grammaire relatives aux couleurs.

Fiche préparatoire à la description d'un objet **Objet :**	
matériaux	
dimensions	
forme	
texture	
couleurs	
détails particuliers	
vocabulaire technique	

V   LA DESCRIPTION DU CADRE DE LA VIE QUOTIDIENNE

1.   La chambre de l'abbé[3]

Elise ne fut pas déçue. Jamais elle n'avait rien vu de semblable. - Excusez l'encombrement, fit l'abbé, embarrassé (il venait d'apercevoir sur une table une paire de chaussettes qui répandait un peu trop ses odeurs intimes). Je vais vous trouver des chaises et nous pourrons causer quelques moments.

De chambre, il n'y avait pas. Les murs disparaissaient totalement sous des rayonnages de livres qui bloquaient partiellement l'unique fenêtre de la pièce. Le plancher, lui, n'avait été épargné que pour permettre les déplacements les plus essentiels. À tous moments, il fallait serrer les coudes pour éviter de créer des avalanches de bouquins. Même le plafond avait été utilisé : l'abbé l'avait couvert de photographies et de gravures représentant des écrivains célèbres. Un sentier serpentait à travers la pièce jusqu'à un fauteuil de cuir noir au-dessus duquel se recourbait une magnifique lampe à pied. Entre le fauteuil et un pan de rayonnage se dressaient une table, un minuscule frigidaire et une volette à gâteaux. La table supportait un énorme samovar de cuivre d'où partait un fil électrique qui allait se perdre entre deux tomes de la *Correspondance* de Flaubert*. L'appareil ronronnait doucement ; son robinet laissait échapper de temps à autre des gouttes d'eau bouillante sur une édition reliée en maroquin du *Quatuor d'Alexandrie**, qui semblait fort bien supporter l'épreuve. La volette à gâteaux était un curieux petit meuble à trois étages monté sur des pieds de biche. L'abbé y avait disposé une série d'assiettes chargées d'un amoncellement incroyable de pâtisseries recouvertes d'une feuille de cellophane. Des madeleines, des langues de chat, des doigts de dame, des mille-feuilles voisinaient avec des clafoutis, des barquettes, des petits fours, des babas, des polonaises*.

Près de la porte, à la forme d'un amoncellement, on devinait un lit. Chaque soir, le déblayage que devait effectuer l'abbé afin de pouvoir se coucher devait lui fournir assez d'exercice pour le maintenir dans une forme satisfaisante.

Essayez d'oublier la poussière, fit-il en dégageant péniblement une chaise écrasée sous les oeuvres complètes de George Sand*. Ma femme de chambre m'a abandonné la semaine dernière. Elle se dit trop vieille à présent. [...]

Ce disant, il fit un faux pas et mit le talon sur *Les Canadiens français et la Confédération**, abîmant quelque peu la trogne pseudo-amérindienne de monsieur Pierre Elliott Trudeau qui, en bon politicien, continua de sourire au lecteur. - Merci, fit Élise en s'assoyant. Si vous le voulez, je peux servir le thé. Où sont les tasses ?

L'abbé se troubla : - Ah oui, les tasses... j'oubliais... C'est que... je n'en ai qu'une seule. Je vais aller en chercher à la cuisine, lança-t-il de sa voix de jeune homme en mue.

*   Gustave Flaubert (1821-1880), écrivain français.
*   Oeuvre en quatre livres de l'écrivain anglais Laurence Durrell (1912–1990).

* Pâtisseries variées.
* George Sand (Aurore Dupin) (1804–1876) : romancière française.
* Le titre exact du livre de Pierre Elliott Trudeau est *Le fédéralisme et la société canadienne française*, Montréal, HMH, 1962. Le manuscrit de Robert Gendron *Les Canadiens français et la Confédération* (1920) n'a pas été publié.

a) Le décor de cette chambre permet de se faire une idée de son occupant. Que sait-on de ce dernier après avoir lu ce texte ?

b) Le titre des ouvrages cités et le nom des auteurs mentionnés nous apprennent-ils quelque chose sur l'occupant de cette pièce ?

c) Quel effet produit l'expression « un sentier serpentait » au deuxième paragraphe ? Pourquoi ?

d) Justifiez l'utilisation des mots « bouquins » (deuxième paragraphe) et « trogne » (dernier paragraphe).

e) Quelles sont les techniques employées par l'auteur pour montrer que cette chambre et son occupant se ressemblent ?

2. <u>Vue du balcon</u>[4]

Ma chambre donne sur la rue principale du faubourg. L'après-midi était beau. Cependant, le pavé était gras, les gens rares et pressés encore. C'étaient d'abord des familles allant en promenade, deux petits garçons en costume marin, la culotte au-dessous du genou, raides, et une petite fille avec un gros noeud rose et des souliers noirs vernis. Derrière eux, une mère énorme, en robe de soie marron, et le père, un petit homme assez frêle que je connais de vue. Il avait un canotier, un noeud papillon et une canne à la main. En le voyant avec sa femme, j'ai compris pourquoi dans le quartier on disait de lui qu'il était distingué. Un peu plus tard passèrent les jeunes gens du faubourg, cheveux laqués et cravate rouge, le veston très cintré, avec une pochette brodée et des souliers à bouts carrés. J'ai pensé qu'ils allaient aux cinémas du centre. C'était pourquoi ils partaient si tôt et se dépêchaient vers le tram en riant très fort.

Après eux, la rue peu à peu est devenue déserte. Les spectacles étaient partout commencés, je crois. Il n'y avait plus dans la rue que les boutiquiers et les chats. Le ciel était pur mais sans éclat au-dessus des ficus* qui bordent la rue. Sur le trottoir d'en face, le marchand de tabac a sorti une chaise, l'a installée devant sa porte et l'a enfourchée en s'appuyant des deux bras sur le dossier. Les trams tout à l'heure bondés étaient presque vides. Dans le petit café : « Chez Pierrot », à côté du marchand de tabac, le garçon balayait de la sciure dans la salle déserte. C'était vraiment dimanche.

* Ficus : figuiers, arbres méditerranéens.

a) Si l'on ne tient pas compte de la dernière phrase, quels détails indiquent que la scène se passe un jour férié ?

b) Quels détails indiquent que cette scène n'a pas lieu de nos jours ?

c) Il est facile de visualiser cette scène en lisant le texte. Énumérez-en les raisons.

d) Quelle est la fonction de chacun des deux paragraphes ?

3.   Scène d'hiver [5]

Le poêle est allumé dans la cuisine des Moisan. C'est qu'avec la noirceur est survenue la pluie, une de ces lavasses* d'octobre, violente, dure, froide, que le vent d'est ramasse en paquets pour la jeter aux carreaux avec des claquements de linge mouillé. Inutile pluie d'automne, vieille fée méchante arrivant sans invite sur le tard, rageuse qu'avant elle soient passées les pluies de juin, généreuses et fécondantes ; jalouse aussi des pluies de fin août qui peuvent en une nuit pourrir le grain laissé sur le pré. Pluie d'automne est impuissante à bien ou mal faire. Elle ne peut que tambouriner sur le toit, brasser les flaques de boue de la route et télégraphier sur les vitres d'indéchiffrables dépêches.

Mécaniquement l'horloge coupe les heures en minutes, débite les minutes en secondes. Sur le poêle chante la bouilloire, sous le poêle ronronne le chat. À côté du poêle, tout aussi frileuse, la vieille Mélie sommeille dans son voltaire*. La lampe allumée au mur, près de la fenêtre pour éclairer le perron, n'accuse d'elle que la boule ronde de son béguin* serré. Ephrem Moisan oscille doucement dans sa berceuse, au rythme de la pendule. La seule tache claire de la pièce, hormis la lampe, est un reflet sur son crâne, entre deux touffes d'ouate blanche au-dessus des oreilles. Il est vieux et cassé de porter sur ses épaules le poids de soixante labours, de soixante moissons.

Un grincement prolongé, puis dix fois de suite la pendule fait mine de sonner ; mais le marteau tombe à vide, comme un coeur qui s'arrête.

*   Lavasse : pluie subite.
*   Voltaire : fauteuil à siège bas et à dossier élevé.
*   Béguin : petit bonnet qui s'attache sous le menton.

a) À quels procédés de style l'auteur fait-il appel dans ce texte ?

b) Au premier paragraphe les pluies sont personnifiées. Comment et pourquoi ?

c) Quelle différence essentielle existe-il entre les deux premiers paragraphes ?

d) Prêtez attention aux éléments du décor du deuxième paragraphe et aux deux personnages. Qu'est-ce qui paraît le plus vivant ?

e)   Quelles sont les impressions créées par ce deuxième paragraphe ?

f)   Quel effet la phrase finale produit-elle ?

4.   **Exercices**

a)   Rédigez en deux paragraphes un texte sur un des sujets suivants :

- La vue d'une pièce de votre maison/appartement.

- Les passants au carrefour de deux rues animées de votre centre-ville un jour de semaine.

- La sortie d'une église (d'un temple, d'une synagogue, d'une mosquée) un jour de fête.

b)   Décrivez en 400 mots l'une des pièces d'un logement de façon à mettre en lumière la personnalité de son occupant(e).

VI VOCABULAIRE UTILE AU PORTRAIT PHYSIQUE ET MORAL

1. L'apparence physique[6]

1.1 La corpulence

- Être grand, petit
- Être squelettique, décharné, maigre, mince, svelte, élancé
- Être gros, corpulent, gras, ventru
- Être bien (mal) bâti
- Avoir les épaules larges, étroites
- Avoir la taille mince, épaisse

1.2 La tête

- Avoir les (des) **cheveux** blonds, bruns, noirs, roux, cendrés, gris, poivre et sel, blancs

- Avoir les (des) **cheveux** épais, clairsemés, longs, courts, raides, bouclés, ondulés, frisés, crépus, touffus, ébouriffés

- Avoir le (un) **front** haut, large, bombé, dégarni (chauve)
- Avoir des **yeux** grands, petits, bridés, en amande, vifs, ternes, rieurs, tristes, froids

  Avoir des **yeux** qui pétillent (rayonnent) de joie, qui s'écarquillent de surprise, qui brillent de colère

  Lever, baisser les yeux

  Faire les yeux doux à qqn (faire du charme)

  Faire les gros yeux à qqn (avoir un air mécontent)

- Avoir un (le) **regard** doux, dur, sévère, glacial, étonné, inquiet, moqueur, rieur

  Foudroyer qqn du regard (lancer des éclairs de colère)

  Dévorer qqn du regard (regarder avec avidité)

- Avoir un (le) **nez** droit, pointu, retroussé, en trompette (pour les enfants), crochu, écrasé, long

- Avoir les (des) **joues** rondes, potelées, pleines, creuses, flasques, pendantes
- Avoir des (les) **pommettes** saillantes, rosées

- Avoir des (les) **lèvres** charnues, épaisses, minces, fines, sensuelles

- Avoir le (un) **menton** avancé, pointu, rond, carré

- Avoir un double, triple menton

- Avoir des (les) **oreilles** pointues, décollées

- Avoir la (une) **figure** (le visage) belle, laide, intelligente, sotte, fine, allongée, carrée, ronde, ovale, maigre, anguleuse, osseuse, ridée

- Avoir la (une) **peau** lisse, douce, soyeuse, ridée, fripée, flasque, rugueuse

- Avoir le (un) **teint** clair, pâle, foncé, basané, hâlé, vif, sain, éclatant, bronzé

1.3   Les bras et les jambes

- Les **bras et les jambes** sont forts, robustes, musclés, maigres, frêles

- Les **mains** sont longues, petites, rondes, potelées (pour les enfants), minces, décharnées, squelettiques

- Faire beaucoup de (peu de) **gestes**, gesticuler

- Avoir une **démarche** assurée, digne, majestueuse, légère, gracieuse, lourde, hésitante, titubante

1.4   La voix

- Avoir une **voix** faible, basse, douce, veloutée, forte, haute, perçante, grave, aiguë, harmonieuse, enrouée, claire, mélodieuse, musicale, monocorde, monotone

- Parler à **voix** basse, à mi-voix, à voix haute

- Parler, crier, chuchoter, murmurer, bafouiller, balbutier, bégayer, zézayer

2. Le caractère et la personnalité

2.1 Le caractère

- Avoir **bon caractère** : être aimable, charmant, doux, gai, sociable, sympathique, gentil

  Avoir un caractère en or

- Avoir **mauvais caractère** : être antipathique, agressif, amer, bourru, brusque, brutal, colérique, coléreux, difficile, irritable, morose

  Avoir un sale caractère

  Bouder, faire la tête

- **Avoir du caractère** : être fort, décidé, déterminé, courageux, énergique, opiniâtre, persévérant, résolu, tenace, volontaire, têtu

- **Manquer de caractère** : être mou, faible, apathique, inactif, indécis

2.2 L'humeur

- Être **de bonne humeur**, d'humeur égale

  Être heureux, joyeux, gai, jovial, épanoui, aimable, rieur, enjoué

- Être **de mauvaise humeur**, d'humeur massacrante

  Avoir des hauts et des bas

  Avoir le cafard

  Être abattu, démoralisé, déprimé

  Passer par (traverser) une mauvaise période

2.3 Être chaleureux

Être passionné, affectueux, sensible, généreux, énergique, exubérant, communicatif, démonstratif, extraverti, sociable

2.4 Être froid

Être calme, détaché, glacial, indifférent, imperturbable, insensible, apathique, réfléchi, réservé, flegmatique, effacé, timide, insipide, maussade, monotone

2.5 Être sensible

Être impressionnable, émotif, aimant, tendre, humain, compatissant, hypersensible, hyperémotif, charitable

2.6 Être inquiet

Être anxieux, angoissé, alarmiste, soucieux, tendu, tourmenté, défaitiste

☞ Ne pas confondre :

être anxieux(se) (angoissé(e)) : to be anxious (very worried) about something
    et
avoir hâte (très envie) de faire quelque chose : to be anxious to do something.

2.7 Avoir de l'humour

Être spirituel, amusant, comique, drôle, humoristique

VII EXERCICES DE RENFORCEMENT ET D'ENRICHISSEMENT DU VOCABULAIRE

1. **Considérez-vous les qualificatifs suivants comme des qualités ou des défauts ? Défendez votre point de vue en expliquant dans quelles situations ils peuvent être les deux.**

ambitieux : _____

confiant en soi : _____

débrouillard : _____

décidé : _____

discret : _____

exigeant : _____

ferme : _____

fier : _____

franc : _____

réfléchi : _____

sévère : _____

tenace : _____

2. **Citez l'adjectif de sens contraire (antonyme) et mettez-le au féminin :**

Antonymes

accommodant   _____

aimable   _____

apathique   _____

bienveillant   _____

courageux   _____

doux   _____

entêté   _____

franc   _____

généreux   _____

indécis   _____

méchant   _____

orgueilleux   _____

réservé   _____

sociable   _____

travailleur   _____

3. **Citez l'adjectif de sens équivalent (synonyme) de :**

Synonymes

gros (le corps)   _____

maigre (le corps)   _____

en trompette (le nez)   _____

épaisses (les lèvres)   _____

anguleux (le visage)   _____

dégarni (le front)   _____

rieurs (les yeux)   _____

bouclés (les cheveux)   _____

foncé (le teint)   _____

forts (les membres)   _____

4. **Supprimez le mot qui ne convient pas dans les séries suivantes :**

enjoué, jovial, gai, antipathique, rieur

(la peau) rêche, rugueuse, rapeuse, rude, soyeuse

(la voix) claire, cristalline, perçante, musicale, mélodieuse

bourru, colérique, coléreux, irritable, aimable

déprimé, démoralisé, réjoui, abattu, découragé

opiniâtre, entêté, résolu, inconstant, têtu

corpulent, rond, svelte, enrobé, ventru

chuchoter, bégayer, murmurer, marmonner, susurrer

résolu, apathique, faible, inactif, indécis

exubérant, démonstratif, amorphe, passionné, débordant

5. **Citez un verbe dérivé de chacun des mots suivants :**

maigre _____   mince _____   gros _____

blond _____   brun _____   noir _____

roux _____   gris _____   blanc _____

épais _____   long _____   petit _____

court _____   raide _____   rieur _____

pétillant _____ inquiet _____   rond _____

beau _____   laid _____   clair _____

fort _____   geste _____   démarche _____

mou _____   sombre_____   affectueux _____

tendre _____   soucieux _____

6. **Proposez un nom dérivé (précédé de son article) pour chacun des adjectifs suivants :**

humoristique _____	tendu _____	soucieux _____
angoissé _____	anxieux _____	sensible _____
aimant _____	tendre _____	flegmatique _____
réfléchi _____	généreux _____	passionné _____
déprimé _____	enjoué _____	aimable _____
jovial _____	gai _____	heureux _____
mou _____	volontaire _____	amer _____
coléreux _____	doux _____	triste _____
gentil _____	rond _____	mince _____
fort _____	musclé _____	bronzé _____
sain _____	pâle _____	ridé _____
osseux _____	fin _____	sot _____
laid _____	beau _____	épais _____
charnu _____	rieur _____	inquiet _____
dur _____	joyeux _____	petit _____
grand _____	ondulé _____	frisé _____
bouclé _____	raide _____	noir _____

7. **Relevez dans chacune des séries suivantes, le mot qui n'appartient pas à la famille de :**

colère	: coller, colérique, coléreux
ride	: dérider, rideau, ridule, ridé
sain	: sanitaire, santé, assainir, saint
mincir	: minuscule, minceur, amincir, mince
courage	: encourager, décourager, courageux, courant
vouloir	: volonté, volontiers, volubile, volontaire
affectueux	: affection, affectif, affectation, affectionner
sentir	: sensé, sensible, sentiment, insensible
soucieux	: sou, souci, soucier

tendre	: tendu, tendresse, tendrement
humour	: humoristique, humeur, humoriste

8. **Appariez un mot de la première colonne avec un de la deuxième et expliquez la signification des expressions que vous aurez reconstituées.**

briller	_____	de joie
mourir	_____	de surprise
pétiller	_____	de peur
fusiller	_____	un sentiment
ressentir	_____	de honte
rougir	_____	un sentiment
transi	_____	de colère
éprouver	_____	d'ennui
taper	_____	du regard
écarquiller les yeux	_____	sur les nerfs

9. **Remplacez chacune des expressions soulignées par l'un des adjectifs proposés ci-dessous. Cet exercice vous habituera à devenir riche et précis dans votre emploi du français.**

> *potelé - bronzé - anguleux - charnu - squelettique*
> *rieur - rayonnant - terne - lisse - crépu*

Il est <u>très maigre</u>.

Des yeux <u>dans lesquels on voit de la joie</u>.

Des cheveux <u>qui sont très frisés</u>.

Avoir des lèvres <u>très épaisses</u>.

Un sourire <u>radieux et plein de joie</u>.

Un regard <u>qui est neutre et sans éclat</u>.

Des joues <u>pleines et rondes</u>.

Un visage <u>où l'on voit les os</u>.

Un corps <u>hâlé et bruni par le soleil</u>.

Un visage <u>dont la peau est douce au toucher</u>.

10. **Remplacez chacune des expressions soulignées par l'un des mots proposés ci-dessous. Cet exercice vous encouragera à devenir plus économique et précis dans votre emploi du français.**

gesticuler - orgueilleux - chuchoter - réservé - débrouillard
pétiller de joie - sympathique - opiniâtre - perçant

Elle parle d'une voix <u>aiguë et forte</u>.

Quand il est énervé, il parle <u>en faisant de grands gestes</u>.

Elle était si heureuse que son regard <u>était plein de joie et d'allégresse</u>.

En classe, <u>il parle toujours à voix basse</u> dans l'oreille de ses voisins.

Cet enfant est très aimé de ses amis car il est <u>gentil, doux et aimable</u>.

Ce garçon est intelligent et il <u>se tire toujours d'affaire</u>.

Malgré toutes les difficultés à surmonter, cette enfant persévère car elle <u>ne cède pas devant l'adversité</u>.

Bien qu'elle soit <u>discrète et modeste</u>, elle exprime clairement ses opinions quand il le faut.

Il est pénible et antipathique car il <u>a une trop bonne opinion de lui-même</u>.

11. **Appariez une expression de la première colonne avec une de la deuxième pour reconstituer des comparaisons intensives. Comparez ces expressions françaises avec leur équivalent en anglais.**

Après vous être réparti(e)s en groupes de trois étudiant(e)s, écrivez un petit scénario dans lequel vous utiliserez, en contexte, autant de comparaisons intensives que possible.

Être fier _____ comme deux gouttes d'eau

Mentir _____ comme un poisson dans l'eau

Changer d'avis_____ comme un chameau

Se ressembler _____ comme un singe

Fumer	_____	comme un agneau
Être nu	_____	comme une tomate
Être myope	_____	comme le jour
Être chauve	_____	comme un paon
Être bavard	_____	comme de chemise
Nager	_____	comme un poisson
Être sobre	_____	comme une mule
Être malin	_____	comme un arracheur de dents
Être têtu	_____	comme une taupe
Être maigre	_____	comme un pape
Boire	_____	comme un clou
Être heureux	_____	comme un ver
Être ennuyeux	_____	comme un pou
Être belle	_____	comme un dieu
Être beau	_____	comme un oeuf
Être doux	_____	comme Crésus
Être libre	_____	comme un pompier
Être riche	_____	comme une pie
Être sérieux	_____	comme l'air
Être rouge	_____	comme la pluie
Être laid	_____	comme un trou

12. **Il y a douze signes du zodiaque :**

le Capricorne (22 déc. – 20 jan.)
le Verseau (21 jan. – 18 fév.)
les Poissons (19 fév. – 20 mars)
le Bélier (21 mars – 20 avril)
le Taureau (21 avril – 21 mai)
les Gémeaux (22 mai – 21 juin)
le Cancer (22 juin – 22 juillet)
le Lion (23 juillet – 23 août)
la Vierge (24 août – 23 sept.)
la Balance (24 sept. – 23 oct.)
le Scorpion (24 oct. – 22 nov.)
le Sagittaire (23 nov. – 21 déc.)

- Auquel appartenez-vous ?

- Rejoignez les étudiant(e)s du même signe et en groupes, décrivez pour le reste de la classe les qualités et les défauts caractéristiques de votre signe du zodiaque.

- Cet exercice peut se faire à l'oral ou à l'écrit.

13. Quel est le défaut qui vous dérange le plus chez vos proches ?

- Quelle est la qualité que vous appréciez le plus chez les gens qui vous entourent ?

VIII EXEMPLES DE PORTRAITS LITTÉRAIRES

1. Portrait de femme[7]

Stéphanie de Bichette était une curieuse petite créature avec ses membres grêles et mal fignolés. Une guimpe* empesée* semblait seule empêcher de retomber sur l'épaule la tête trop pesante pour le cou long et mince. Si la tête de Stéphanie de Bichette se trouvait si lourde, c'est que toute la noblesse et le faste de ses ancêtres s'étaient réfugiés dans sa coiffure. Une coiffure haute aux boucles rembourrées qui s'étageaient sur son crâne étroit, avec la grâce symétrique d'une architecture de douilles* d'argent.

Mademoiselle de Bichette était passée, sans transition, sans adolescence et sans jeunesse, de ses vêtements d'enfant à cette éternelle robe cendrée, garnie au col et aux poignets d'un feston lilas.

Elle possédait aussi deux ombrelles au manche d'ivoire travaillé : une ombrelle lilas et une autre cendrée. Pour ses promenades en voiture, elle faisait alterner, selon le ciel, l'ombrelle lilas avec l'ombrelle cendrée. Et toute la petite ville savait le temps qu'il faisait, grâce à la couleur de l'ombrelle de mademoiselle de Bichette. L'ombrelle lilas indiquait les jours resplendissants et l'ombrelle cendrée les ciels quelque peu nuageux. L'hiver, et quand il pleuvait, Stéphanie ne sortait jamais.

Si je vous ai parlé des ombrelles de mademoiselle de Bichette et de l'autorité dont elles jouissaient pour annoncer les nuances de la température, c'est que je veux insister sur le fait que ces deux ombrelles n'étaient que les signes extérieurs d'une vie bien ordonnée.

Oh ! à la vérité, la vie de mademoiselle de Bichette se montrait un édifice parfait de régularité. Une immuable routine soutenait et sustentait la vieillotte et innocente personne. La moindre fissure à cette extraordinaire construction, le moindre changement à cette discipline établie auraient suffi à rendre malade mademoiselle de Bichette.

*   Guimpe : chemisette très montante.
*   Empesée : amidonnée.
*   Douille : cylindre.

a) Justifiez le rôle de chaque paragraphe.

b) Au premier paragraphe relevez les details qui suggèrent une certaine disproportion physique.

c) Quels détails physiques suggèrent la personnalité de cette femme ?

d) Justifiez l'utilisation de l'adjectif « vieillotte » au dernier paragraphe (au lieu de vieille).

e) Ce personnage peut symboliser le déclin d'une famille aristocratique. Quels détails permettent d'appuyer cette idée ?

2. <u>Portrait d'une geisha</u>[8]

Son nez délicat et haut, avec un petit air d'orphelin dans son visage, vous émouvait avec un rien de mélancolie, qu'effaçait aussitôt la fleur de ses lèvres en leur bouton tantôt serré, tantôt épanoui par un chaud mouvement qui avait une grâce de vie animale et gourmande. Même alors qu'elle ne disait rien, ses lèvres vivaient et se mouvaient, semblait-il, par elles-mêmes. Craquelées ou ridées, ou seulement d'un vermillon moins vif, ces lèvres eussent pu avoir quelque chose de morbide ; mais leur couleur avait tout le velours de la douceur et l'éclat de la belle santé. La ligne de ses cils, ni incurvée ni relevée, lui coupait les paupières d'un trait si droit qu'il eût paru bizarre, humoristique même, s'il n'avait pas été, comme il l'était, délicatement contenu et presque enveloppé par la soie courte et drue de ses sourcils. Le volume de son visage un peu aquilin et très arrondi n'avait, en soi, rien de remarquable. Mais avec sa carnation de porcelaine exquisement teintée de rose, avec sa gorge virginale et ses épaules juvéniles qui allaient prendre encore un rien de plénitude, elle produisait une telle et si pure impression de fraîcheur qu'elle avait tout le charme de la beauté, même si elle n'était pas absolument une beauté. Pour une femme généralement serrée dans le large obi* que portent les geishas, elle avait une poitrine assez développée.

*   Obi : large ceinture de soie portée sur le kimono.

a) Relevez dans le texte tous les termes qui indiquent la jeunesse de la geisha.

b) Relevez toutes les expressions qui suggèrent la délicatesse et la grâce de la jeune femme.

c) Relevez les termes connotateurs de sensualité.

d) Quels détails précis permettent de se représenter facilement le visage de la jeune femme ?

3. **Tamara**[9]

Elle se leva en riant. Elle ne riait pas d'une façon gaie, ni même d'une façon mondaine, pensai-je. Plutôt d'un rire de théâtre, tout ensemble doux et brusque, agréable, mais étrangement déplacé. Je commençais à reprendre mes esprits, et à l'observer mieux, non sans un certain étonnement. Je me demandais si elle était belle. Jusqu'ici, j'avais imaginé la beauté comme une chose immuable, bien déterminée par des règles établies, et je la voyais incarnée en une femme très blanche, ronde, comestible en quelque sorte, telle Mme Lucette la libraire, dont mon père disait qu'elle était belle, avec son chignon doré, son teint blanc, ses grands yeux marron clair, et toute sa personnalité bienveillante, lisse et d'une paisible opulence. Je trouvais Julia belle aussi, mais je me disais souvent que, seule, une infirmité de goût devait me porter à admirer son visage aigu aux pommettes un peu saillantes, ses yeux fendus et son teint mat...

Tamara – que l'on trouvait belle – ressemblait plutôt à Julia qu'à Mme Lucette, et je goûtai un moment de satisfaction à trouver mon jugement plus sûr que je ne le croyais... Elle portait un pantalon de velours gris et une chemise de soie jaune, qui éclairait son teint foncé ; elle avait les joues un peu creuses, les yeux en amande plus encore que Julia, la bouche belle et d'un rose mauve, un nez court et droit, un front d'ange têtu couronné de courtes boucles... Elle m'écouta autant que je parlai, et avec une profonde attention. Je devais découvrir plus tard qu'elle montrait le même intérêt pour tout ce qui se disait devant elle et qu'elle l'éprouvait, du reste, réellement.

a) Après avoir lu attentivement cette description, faites une analyse des procédés stylistiques (précision des images, comparaisons, richesse lexicale, temps du passé, utilisation du possessif ou de l'article défini devant les parties du corps...) utilisés par l'auteure !

b) Quelle est l'impression dominante que l'on retient de ce personnage ?

4. <u>Une vieille servante</u>[10]

(La vieille femme est convoquée pour recevoir des mains des « bourgeois » de la ville une médaille du travail.)

Alors on vit s'avancer sur l'estrade une petite vieille femme de maintien craintif, et qui paraissait se ratatiner dans ses pauvres vêtements. Elle avait aux pieds de grosses galoches de bois, et, le long des hanches, un grand tablier bleu. Son visage maigre, entouré d'un béguin sans bordure, était plus plissé de rides qu'une pomme de reinette flétrie, et des manches de sa camisole rouge dépassaient de longues mains à articulations noueuses. La poussière des granges, la potasse des lessives et le suint des laines les avaient si bien encroûtées, éraillées, durcies, qu'elles semblaient sales quoi qu'elles fussent rincées d'eau claire ; et, à force d'avoir servi, elles restaient entrouvertes, comme pour présenter d'elles-mêmes l'humble témoignage de tant de souffrances subies. Quelque chose d'une rigidité monacale relevait l'expression de sa figure. Rien de triste ou d'attendri n'amollissait ce regard pâle. Dans la fréquentation des animaux, elle avait pris leur mutisme et leur placidité. C'était la première fois qu'elle se voyait au milieu d'une compagnie si nombreuse ; et, intérieurement effarouchée par les drapeaux, par les tambours, par les messieurs en habit noir et par la croix d'honneur du Conseiller, elle demeurait tout immobile, ne sachant s'il fallait s'avancer ou s'enfuir, ni pourquoi la foule la poussait et pourquoi les examinateurs lui souriaient. Ainsi se tenait, devant ces bourgeois épanouis, ce demi-siècle de servitude.

a) Après avoir lu attentivement ce portrait, faites une analyse des procédés stylistiques (précision des images, comparaisons, richesse lexicale, temps du passé, utilisation du possessif ou de l'article défini devant les parties du corps...) utilisés par l'auteur.

b) Quelle est l'impression dominante que l'on retient de ce personnage ?

5. <u>Exercices</u>

a) Dans les quatre portraits ci-dessus, qu'est-ce que les descriptions du physique des personnages nous font deviner de leur psychologie ?

b) Quelles sont les qualités de ces quatre portraits ? Lequel préférez-vous et pourquoi ?

c) Choisissez dans un magazine ou un album familial la photo d'un visage présenté au premier plan. Décrivez ce visage avec le plus de précision possible. Donnez un titre à votre texte (150 mots environ).

d) Découpez dans un magazine de mode la photo d'un mannequin dont vous tracerez le portrait (300 mots environ).

e) Découpez dans une revue la caricature d'un personnage célèbre. Décrivez-la en mettant en relief les traits qui sont exagérés. Commentez l'effet d'ensemble et donnez un titre à votre texte (200 mots environ).

f) Rédigez seul(e) ou en groupe le portrait physique et psychologique d'un personnage célèbre du monde de la politique, du spectacle, des sports, de l'éducation...

Une fois qu'il aura été corrigé par votre professeur(e), lisez-le à haute voix à la classe qui essayera de deviner de qui il s'agit.

g) La classe est divisée par groupes de deux. À l'intérieur de chaque groupe les étudiant(e)s se décrivent mutuellement.

6. Compositions

Choisissez dans une revue (ou un album familial) la photo d'une ou plusieurs personnes dans une pièce dont on aperçoit le décor. Décrivez la scène avec précision (aussi bien le décor que les personnages et leurs occupations) (400 mots environ).

Choisissez dans une revue (ou un album familial) la photo d'une ou plusieurs personnes dans un paysage extérieur. Décrivez la scène avec précision (aussi bien le paysage que les personnages et leurs occupations) (400 mots environ).

Pour les deux sujets :

a) Donnez un titre approprié.

b) Faites, en deux ou trois paragraphes et de façon objective, la description de la photo.

c) En conclusion, évoquez ce que vous ressentez à la vue de cette photo et essayez d'expliquer pourquoi.

Notes :

1. Gérard de Nerval, cité par Bernard Dupriez dans *Gradus* Paris, Union Générale d'Éditions, 1980.

2. Aragon, cité par Bernard Dupriez, op. cit.

3. Yves Beauchemin, *Le Matou*, 1981.

4. Albert Camus, *L'Étranger*, 1942.

5. Ringuet, *Trente Arpents*, 1938.

6. Cette section s'inspire de Pierre Limouzy et Jacques Bourgeacq. *Manuel de composition française*, New York, Random House, 1970, p. 58–60.

7. Anne Hébert, *Le Torrent*, 1950.

8. Yasunari Kawabata, *Pays de neige*, 1955.

9. Françoise Mallet-Joris, *Le Rempart des Béguines*, 1951.

10. Gustave Flaubert, *Madame Bovary*, 1857.

Suggestions bibliographiques

Collectif. « Le décrit », *Littérature*, no. 38, 1980.

Dupriez, Bernard. *Gradus : les procédés littéraires (dictionnaire)*, Paris, Union Générale d'Éditions, 2000.

Hamon, Philippe. *Introduction à l'analyse du descriptif*, Paris, Hachette, 1981.

Kittay, Jeffrey et al. « Towards a Theory of Description », *Yale French Studies*, no. 61, 1981.

Klein-Lataud, Christine. *Précis des figures de style*, Toronto, Éditions du GREF. 2001.

Limouzy, Pierre et Bourgeacq, Jacques. *Manuel de composition française*, New York, Random House, 1990.

5. LE FAIT DIVERS

OBJECTIFS VISÉS

☞ La lecture régulière de faits divers permet d'acquérir et de voir **en contexte** des structures linguistiques et un vocabulaire variés.

☞ Elle permet de se familiariser avec le style journalistique, et donc, de réfléchir aux problèmes de style.

☞ La rédaction de faits divers exige un effort de **précision et de cohérence** dans les domaines du **vocabulaire**, de la **composition** et du **style**. Elle représente un moyen attrayant d'encourager la production de textes.

☞ L'adaptation en français de faits divers rédigés en anglais permet une réflexion sur les différences syntaxiques entre les deux langues. Elle encourage donc une prise de conscience stylistique.

I QU'EST-CE QU'UN FAIT DIVERS ?

• Selon le *Petit Robert,* les faits divers sont les « nouvelles peu importantes d'un journal ».

• Ce sont de **courts** articles basés sur des incidents **variés** mais **réels** ou présentés comme tels.

• Les faits divers peuvent se contenter de relater l'événement sous une forme très schématique - ou, au contraire, le présenter comme une petite histoire - qui va piquer la curiosité des lecteurs, les faire rire, provoquer leur admiration ou leur indignation, leur compassion, leur étonnement, etc.

II QUELLES SONT LES CARACTÉRISTIQUES DES FAITS DIVERS ?

• Ils appartiennent à la vie de tous les jours et leurs sujets sont infiniment variés.

• Ils sont, pour la plupart, brefs.

• Ils sont souvent humoristiques et montrent que tout peut arriver partout et toujours.

• Ils dramatisent le quotidien en présentant avec beaucoup d'imagination des événements banals ou insignifiants.

- Ils sont toujours clairement construits et répondent aux cinq questions de base : qui, où, quoi, quand et comment.

- Leurs titres et leurs premières « phrases d'attaque » piquent la curiosité et l'imagination des lecteurs(trices).

III   <u>LES PRINCIPAUX ÉLÉMENTS CONSTITUTIFS DES FAITS DIVERS</u>

1.   <u>Le titre</u>

- Il est court et surprenant afin d'attirer les yeux des lecteurs(trices). Il fait entrevoir le ton général de l'article.

- Chaque mot utilisé doit, par sa puissance d'évocation, surprendre ou même choquer.

- Le titre doit parvenir à piquer la curiosité des lecteurs(trices) en renversant la logique habituelle du quotidien.

2.   <u>Les personnages</u>

- Ils se comportent de façon inhabituelle, inattendue et parfois même bizarre.

- Ce sont des gens ordinaires qui se trouvent transformés en héros du bien et du mal.

3.   <u>Le dénouement</u>

- On ne s'y attend pas et il surprend, car il renverse la conclusion logique de l'histoire racontée.

- Il tient en quelques lignes et est toujours très court pour garder de sa force et de sa surprise.

IV   <u>COMPRENDRE LES FAITS DIVERS</u>

☞   Ce chapitre cherche à aider à mieux comprendre les faits divers, à découvrir les techniques d'écriture qui les caractérisent et à analyser leur contenu linguistique pour ensuite s'en inspirer quand on écrit.

☞   Il cherche aussi à encourager les apprenant(e)s à **enrichir leur vocabulaire** et à apprendre à **écrire de façon précise et succincte**.

1. Sur un arbre perché...[1]

> Londres (AP) – Comme beaucoup de personnes après une nuit d'ivresse, Gary Carter s'est écroulé de sommeil. Seulement, lui a choisi de s'endormir à 7,5 mètres de hauteur... dans un arbre !
>
> Malgré tous leurs efforts, les pompiers de Trimdon, dans le nord de l'Angleterre, n'ont pas réussi à le réveiller et à le descendre de son arbre, près du pub « The Red Lion ». Ils ont finalement dû se résoudre à appeler leurs confrères du sauvetage en montagne... « Il ne s'est pas réveillé pendant tout le temps que nous avons été là, même lorsque nous avons utilisé une corde pour le soulever et le descendre au sol, et même lorsque nous l'avons mis dans une civière pour le transporter à l'hôpital », explique le porte-parole de la brigade Stuart Guthrie. « Je travaille dans cette brigade depuis 34 ans et c'est la première fois que je vois ça. »
>
> Carter, qui a finalement trouvé une chambre à l'hôpital universitaire de North Tees, a confié qu'il ne se souvenait pas d'avoir quitté le « Red Lion » et qu'il n'avait « aucune idée de la façon dont il s'était retrouvé là-haut » (AP)

a) Justifiez les points de suspension dans le titre. Trouvez un autre titre qui pourrait également convenir à ce fait divers.

b) Quel est le but du premier paragraphe ?

c) Justifiez les points de suspension et d'exclamation du premier paragraphe.

d) Quelles informations sont contenues dans le deuxième paragraphe ?

e) Quel est le rôle du dernier paragraphe ?

f) Quelles sont les qualités de ce fait divers ?

2. Trop maigre pour toi[2]

> L'horloger suisse, Omega, a déclaré jeudi son intention d'annuler sa publicité dans le magazine anglais *Vogue* pour protester contre l'utilisation de mannequins « squelettiques ». Le fabricant de montres estime que deux des mannequins qui apparaissent dans le numéro de juin, Trish Goff (sur la photo, 47 kilos pour 1m 75) et Annie Morton (85-60-85) encouragent l'anorexie auprès des jeunes filles. Dans une lettre adressée à l'éditeur de *Vogue*, le directeur d'Omega, Giles Rees, a expliqué qu'à force de montrer des mannequins amaigries à la mode seventies, les revues de papier glacé finiront pas « perdre du terrain ». « Ce n'est pas le style des femmes ordinaires », a-t-il ajouté. « Les mannequins ont toujours été minces et ce débat peut durer longtemps », a expliqué Alexandra Shulman, directrice de la publication. « Nous n'avons pas créé ce rêve, nous y contribuons. Ce n'est pas pareil. »

Le titre de ce fait divers est inspiré du film français *Trop belle pour toi* dans lequel un homme marié à une jeune femme de très grande beauté, délaisse cette dernière pour une femme très ordinaire.

a) Justifiez le titre de ce fait divers.

b) Quel est l'incident qui a donné naissance à ce fait divers ?

c) Quelle est la position de la directrice de *Vogue* ?

d) Avec quelle position sympathisez-vous et pourquoi ?

3. <u>**La plus vieille terrienne meurt à 123 ans**</u>[3]

PEKIN (AP) - Kong Yin, la doyenne des Chinois, est morte samedi à l'âge de 123 ans, a annoncé *Le Quotidien du Peuple*.

Selon l'organe du Parti Communiste chinois, Kong est morte d'emphysème dans la province méridionale de Guandong où elle était née en 1871.

Elle avait obtenu le titre de « reine de la longévité » ce qui lui octroyait une pension de 200 yuan (environ 25 dollars) par mois. Kong s'était mariée à l'âge de 15 ans et avait eu quatre enfants, précise le quotidien chinois.

Le livre *Guinness des records* cite toutefois un Japonais mort en 1986 à l'âge de 120 ans comme étant la personne qui a vécu le plus longtemps.

a) Justifiez l'utilisation du mot « terrienne » dans le titre. Quel effet le journaliste veut-il produire ?

b) Quel est le sens du mot « doyenne » au premier paragraphe ? Énumérez les autres sens de ce mot.

c) Quel est le sens du mot « organe » au deuxième paragraphe ?

d) Pourquoi le journaliste a-t-il utilisé les verbes « annoncer » (1er paragraphe) et « préciser » (3e paragraphe) plutôt que le verbe « dire » ? Faites une liste de verbes qui dans différents contextes pourraient remplacer le verbe « dire ».

e) Trouvez un synonyme du verbe « citer » (4e paragraphe) dans le contexte où ce mot est utilisé.

f) Expliquez le rôle de chacun des paragraphes.

g)   Énumérez les facteurs qui peuvent contribuer à la longévité d'une personne ou d'une population.

4.   **'Light cigarettes are music to smokers' ears**[4]

> Chinese inventor Pu Danming recently claimed he had sold 50,000 of the « healthy cigarettes » he introduced in Beijing in November. The product is a cigarillo-sized tube containing Chinese herbs, a small battery and microchip and a dozen other components, but no tobacco. The cigarette is not meant to be lit; rather, when the « smoker » takes a puff, a light flashes to imitate a burning ash. Also, the cigarette plays a patriotic song when puffed on and, claimed Pu, « the mixture of herbs is also good against cancer. »

a)   Lisez attentivement le texte ci-dessus.

b)   Cherchez dans un dictionnaire anglais-français les mots que vous ne connaissez pas en français.

c)   Tout en respectant les faits donnés, reconstruisez en français ce texte pour en faire un fait divers humoristique. Ne traduisez pas littéralement.

d)   N'oubliez pas de trouver un titre adapté à l'humour de votre texte.

5.   **La liberté au bout d'un fil... dentaire**[5]

> CHARLESTON, Virginie occidentale (AP) - Robert Shepard n'a pas eu besoin d'un arsenal d'outils pour s'évader de prison. Un seul fil dentaire lui a ouvert les portes vers la liberté. Pendant que les autres détenus enfermés derrière des portes contrôlées par ordinateur étaient maintenus sous haute surveillance par les gardes aidés de caméras, Shepard a tressé le fil magique pour en faire une corde aussi fine qu'un fil de téléphone et l'a utilisé pour escalader un mur de 5,40 mètres de haut dans la cour de la prison, surmonté d'une clôture grillagée. Cette évasion spectaculaire a eu lieu mercredi dernier à la South Central Regional Jail dans le Sud de Charleston et, depuis, le prisonnier est toujours en cavale. Les habitants de la ville parlent de Shepard comme d'un véritable Spiderman.

a)   Quelles étaient les intentions du(de la) journaliste en choisissant ce titre ?

b)   Quel est le but des deux premières phrases ?

c)   Qu'ajoute la dernière phrase au texte ?

6. **Maman !**[6]

Lisez ces deux versions d'un même fait divers :

LONDRES – Des policiers anglais ont reçu récemment un coup de fil angoissé d'une femme persuadée que sa fille, installée à 150 km de chez elle, était victime d'une agression, rapporte *The Independent*.

La maman inquiète avait été réveillée une première fois par un étrange appel téléphonique - grognements, soupirs, cris. Se croyant victime d'un mauvais plaisant, elle avait raccroché.

Peu après, autre appel : toujours des halètements, des soupirs, mais cette fois la mère entend un homme murmurer et reconnaît la voix de sa grande fille qui s'écrie : « Oh ! mon Dieu ! »

Convaincue qu'il s'agit d'une agression, elle compose le numéro d'urgence de la police qui fonce sur les lieux du crime – pour découvrir la jeune fille dans les bras de son amoureux. Dans la fureur de ses ébats, le couple avait actionné à deux reprises avec le pied un numéro mémorisé sur le téléphone posé près du lit. C'était le numéro de maman...

LONDRES – Le journal anglais *The Independent* rapporte qu'une mère qui pensait que sa fille, vivant à 150 kilomètres, était victime d'une agression a inutilement alerté la police : la jeune fille avait accidentellement déclenché le numéro de téléphone de sa mère.

a) Comparez ces deux versions du même fait divers.

b) Lequel des deux textes est le plus intéressant à lire ? Pourquoi ?

c) Quelles réactions l'auteur(e) du fait divers (n° 1) veut-il obtenir ?

d) Commentez le rôle de chaque paragraphe du premier texte et montrez comment le(la) journaliste a réussi à transformer un incident sans importance en une petite histoire. Quels moyens a-t-il(elle) utilisés et quels effets a-t-il(elle) cherché à produire ?

7. Un rat d'hôtel interpellé[7]

Dans l'après-midi de mardi, les inspecteurs de la Sûreté urbaine* de Bastia* ont interpellé*, dans un hôtel de la ville, un individu qui venait de s'emparer de 9000 francs et d'une broche en or dans un établissement voisin de quelques centaines de mètres.

Les faits se sont déroulés de la manière suivante. Vers 13 h, l'homme s'introduisait subrepticement à l'hôtel Leandri, situé boulevard Graziani, tandis que les propriétaires déjeunaient dans la salle à manger. Une fois dans les lieux, il pénètre dans une chambre, habituellement occupée par Mme Leandri, la gérante et commet son méfait. À peine Mme Leandri vient-elle de se rendre compte du vol qu'un de ses parents venu lui rendre visite lui signale qu'il a croisé peu de temps auparavant dans les escaliers, un individu dont il donne le signalement. Elle réalise alors que deux ou trois jours auparavant, l'homme qui a un physique particulier s'est présenté à la réception de son établissement pour louer une chambre et qu'elle n'a pu satisfaire à sa demande. Ne perdant pas son sang-froid*, Mme Leandri téléphone à ses collègues et finit par retrouver son voleur dans un hôtel voisin. C'est à ce moment-là seulement qu'elle avertira la police. Les inspecteurs de la Sûreté urbaine rendus sur les lieux, interpellent* Philippe Marchal 35 ans, originaire des Vosges* et sans domicile fixe*. Ils retrouveront les 9000 francs répartis sous le matelas et dans le socle de la lampe de chevet. Quant à la broche, Philippe Marchal l'a perdue dans l'escalier de l'hôtel Leandri au cours de sa fuite.

Au terme de sa garde à vue*, il devra se présenter le 15 mars à l'audience du Tribunal Correctionnel.

*   Un rat d'hôtel : expression d'argot : un voleur
*   La Sûreté urbaine : la police municipale
*   Bastia : ville de Corse
*   Interpeller un individu : questionner un suspect
*   Perdre son sang froid : to lose one's cool
*   Les Vosges : région montagneuse de l'est de la France
*   Sans domicile fixe : of no fixed address
*   Une garde à vue : période pendant laquelle un suspect est interrogé par la police.

a)   Lisez attentivement le premier et le troisième paragraphe de ce fait divers. Ne suffiraient-ils pas à relater l'incident ?

b)   Comment justifiez-vous le deuxième paragraphe ?

124

8. <u>Perdu dans les égouts</u>[8]

SÉOUL - Un homme qui était tombé dans une bouche d'égout* le 28 décembre au cours d'une beuverie* de fin d'année a été secouru le 6 janvier après avoir passé huit jours d'errance dans les entrailles immondes de Séoul, en buvant de l'eau d'égout et en se protégeant du froid avec des vieux sacs de matière plastique.

« Il faisait complètement noir là-dedans. J'ai rampé pour retrouver la sortie et j'ai crié, mais personne ne m'entendait », a raconté Cho Sung-chul, 51 ans.

Les policiers pensent que l'homme, ivre-mort*, a dû perdre connaissance* après être tombé dans les égouts de la capitale. Lorsqu'il est revenu à lui, la plaque avait été refermée et l'homme dégrisé s'est trouvé complètement perdu.

* Égouts : sewers
* Une bouche d'égoût : a manhole
* Beuverie : a drinking party
* Ivre-mort : dead-drunk
* Perdre connaissance : to faint
* Dégrisé : sober

a) Lisez le fait divers et éliminez les difficultés de vocabulaire à l'aide d'un dictionnaire.

b) En quoi consiste le deuxième paragraphe ? Qu'ajoute-t-il au texte ?

9. <u>Rock mortel</u>[9]

Après avoir passé sa soirée à boire et à se secouer sur le rythme syncopé de la musique rock, un jeune homme de 20 ans a été hospitalisé inconscient. Il est mort, 36 heures plus tard, d'un arrêt cardio-respiratoire.

À l'autopsie, on a retrouvé un hématome sous-dural massif et récent, du côté droit, une telle pathologie pouvant survenir, affirment les spécialistes, après rupture d'anastomoses artério-veineuses cérébrales, provoquée par un rythme trépidant et soutenu, comme cela a été démontré expérimentalement.

Un mécanisme similaire serait à l'origine du décès de très jeunes enfants secoués trop violemment.

a) Quel est le but de chaque paragraphe ?

b) Qu'est-ce qui caractérise le vocabulaire du deuxième paragraphe ? Pourquoi le(la) journaliste a-t-il(elle) choisi d'utiliser ce genre de langage ?

10. <u>Les plantes crient au secours</u>[10]

> Des chercheurs* du département de l'agriculture des États-Unis - USDA - ont découvert que les végétaux souffrant de sécheresse crient littéralement au secours. Un appareil sophistiqué d'écoute électronique a enregistré des bruits émis* par des plantes sensibles à la sécheresse sur des fréquences inaudibles* pour l'oreille humaine (100 kHz contre 20 kHz). L'expérience s'est poursuivie* pendant plus de quatre années. Une tension insupportable pour les vaisseaux qui acheminent l'eau et les matières nutritives* aux feuilles provoque des « fractures », émettant alors un bruit caractéristique. Selon les chercheurs, ces bruits attirent les insectes destructeurs qui attaquent alors les plantes affaiblies et sans résistance.

*   Un chercheur : a scientist
*   Émettre des bruits, des rayons, de la chaleur
*   Être sensible à la chaleur : to be sensitive to heat
*   Inaudible : que l'on n'entend pas
*   Poursuivre une expérience : to pursue an experiment
*   Les matières nutritives : the nutrients

a) Justifiez le titre de ce fait divers. Quel effet veut-il provoquer chez les lecteurs ?

b) Relevez tous les termes et expressions qui personnifient les plantes.

c) Faites des phrases où vous appliquerez ces expressions à des personnes.

d) Faites la liste de tous les termes exprimant l'idée de souffrance.

11.   <u>Ni père, ni mère !</u>[11]

FRANCFORT - Une Allemande de 34 ans qui poursuivait son ancien ami en justice* pour reconnaissance de paternité a appris avec stupeur qu'elle n'était pas la mère de son propre enfant. Une erreur probable à la maternité a fait qu'elle élève depuis trois ans un enfant qui n'est pas le sien, ont précisé les autorités locales.

La maternité concernée s'efforce maintenant de retrouver la trace de dix autres enfants nés le même jour et qui auraient pu, eux aussi, être remis à des mères qui n'étaient pas les leurs. Un porte-parole* de l'hôpital a assuré que l'erreur était inexplicable, puisque les nouveau-nés sont munis d'un bracelet d'identification dans les minutes qui suivent leur naissance.

Selon le parquet*, l'erreur a été découverte lorsque la mère a intenté une action en justice contre le père présumé de son enfant pour établir sa paternité et exiger ainsi une pension alimentaire.

Une analyse de sang* a révélé que son ancien ami ne pouvait être le père de l'enfant et, alors que les autorités s'apprêtaient à se retourner contre la mère, un nouvel examen a montré que celle-ci n'était pas non plus la mère génétique de l'enfant.

* Poursuivre quelqu'un en justice : to sue
* Un porte-parole : spokesperson. Remarquez que dans cette expression le mot *parole* est au singulier.
* Le parquet : Prosecutor's office
* Une pension alimentaire : an alimony
* Une analyse de sang : a blood test

a)   Assurez-vous de bien comprendre ce fait divers et le vocabulaire qu'on y utilise en vous aidant d'un bon dictionnaire.

b)   Pourquoi un tel titre ? Quel est l'effet particulier que cherche à produire le(la) journaliste ?

c)   Justifiez le rôle de chacun des paragraphes de ce fait divers.

d)   Quelles sont les qualités de ce fait divers ? Pourquoi vous a-t-il plu ?

12. Nez rouge précoce[12]

> HEMET, Californie - Les policiers qui ont contrôlé la voiture de Donald Stevens sur la route ont félicité ce dernier de s'être abstenu de prendre le volant car il avait bu. Mais, ont-ils ajouté, installer à sa place sur le siège du conducteur son fils âgé de 12 ans n'était pas la solution.
>
> Donald Stevens, 33 ans, a été arrêté et sera poursuivi pour avoir fait conduire un jeune sans permis. Non seulement cela : selon le rapport, lorsque les policiers ont voulu confisquer la voiture, le père a demandé à son fils, qui avait déjà manifestement conduit, « de ne pas s'arrêter, de ralentir, puis de rouler vers la maison ».
>
> L'enfant a suivi ces instructions à la lettre, de sorte que les policiers ont dû se livrer à une « chasse », la vitesse n'ayant toutefois jamais excédé 25 km/h, jusqu'au domicile des fuyards.

a) Assurez-vous de bien comprendre ce fait divers et le vocabulaire qu'on y utilise en vous aidant d'un bon dictionnaire.

b) Pourquoi ce titre ? Quel est l'effet particulier que cherche à produire le(la) journaliste ?

c) Justifiez le rôle de chacun des paragraphes de ce fait divers.

d) Comment avez-vous réagi en lisant ce fait divers ?

e) Quelles en sont les qualités ?

13. Vingt-cinquième mariage[13]

> C'est des États-Unis que nous vient une nouvelle optimiste : un Américain de 73 ans a l'intention de convoler pour la vingt-cinquième fois. Ce collectionneur original a connu des vies conjugales de cinq ans et de... trente-huit jours. Il totalise à ce jour 41 enfants âgés de 2 à 56 ans. Le plus étrange, c'est qu'il gère un petit hôtel dans le désert de Californie. Il doit probablement y recueillir des voyageuses égarées.

a) Trouvez un autre titre qui convienne particulièrement bien à ce fait divers.

b) Pourquoi le(la) journaliste affirme-t-il(elle) que cette nouvelle est optimiste ?

c) Pourquoi trouve-t-il(elle) étrange que le héros de cette histoire soit le gérant d'un hôtel situé dans le désert de Californie ?

d) Justifiez le rôle des points de suspension dans la troisième phrase.

e) Que collectionne-t-on habituellement ? Connaissez-vous des collectionneurs ? Décrivez leur passion.

f) Construisez en groupe un fait divers basé sur un collectionneur soit de cartes de baseball, soit de pierres, soit de photos d'Elvis Presley, Madonna, Backstreet Boys, etc. N'oubliez pas d'imaginer un titre adapté à votre texte.

V   RÉDACTION DE FAITS DIVERS

1. **Choisissez un des six faits divers ci-dessous. Ne faites pas de traduction littérale mais adaptez-le en français : tout en respectant les faits mentionnés, développez le fait divers en deux ou trois paragraphes, chacun ayant un but bien précis.**

Choisissez un titre qui accroche bien l'attention. Respectez l'esprit et le style de ce genre de journalisme.

- In April, a 40-year-old woman was mauled to death by a cougar on a mountain trail in northern California, leaving her two children, aged 8 and 5, motherless. After the cougar was tracked down and killed a week later, Folsom City Zoo set up a trust fund for the cougar's cub. As of mid-May, the cub's fund had received $21,000 vs. $9,000 for a trust established for the woman's children[14].

- In May, Dayton, Ohio, officials warned the Spirit of Life Christian Centre its upcoming immoral-book-burning ceremony could not take place because its municipal pollution-control permit allowed it to burn only clean, dry wood[15].

- Belgian cardiologist Pedro Brugada won an amateur golf tournament in Brussels in June, despite suffering a heart attack during the final round. He was revived on the course by an opponent-physician, rushed to the hospital, and released after about 90 minutes to go back to the course[16].

- Matrimony News: In Kissimmee, Fla., wedding in August, Ronald Legendre married his girlfriend, Hope. Best man was another guy, unrelated, named Ronald Legendre. Judge was yet another unrelated Ronald Legendre[17].

- Constance Agnes Miller, 60, was charged with beating her mother to death in Erie, Pa., in September, allegedly because her mother wouldn't stop calling her « Agnes. »[18]

- **Snake gives San Francisco $1 million bite[19]**

SAN FRANCISCO (Reuters) – San Francisco rapid transit system will pay more than $1 million (U.S.) after an endangered garter snake* was found flattened at a construction site, officials said yesterday.

The Board of Directors of the Bay Area Rapid Transit (BART) system approved payment of $1.07 million to the contractor at its airport extension project, where work stopped for 18 days last year as wildlife officials investigated the incident.

"It was not clear whether it was the contractor's fault or BART's fault that the snake died, so we decided to go ahead and compensate the contractor's for the lost time," BART spokesperson Mike Healy said.

The striped San Francisco garter snake thrives in the marshy area west of the airport, and construction of the extension is under way amid a list of precautions aimed at protecting the endangered species.

After the snake was found flattened, precautions were stepped up, with officials slowing the speed limit on the construction site and bussing in workers instead of allowing them to drive their own cars.

Healy said every effort was being made to protect the snake, which has been put on the endangered list as rampant development eats up its traditional habitat on the San Francisco peninsula. The multi-coloured snake is believed to number fewer than 1,500 in the wild.

*   Un orvet : petit serpent inoffensif

2.   **Choisissez un des cinq incidents ci-dessous. Transformez-le en fait divers : inventez les noms de lieux et de personnes. Développez le fait divers en deux ou trois paragraphes. Choisissez un titre. Respectez l'esprit et le style de ce genre de journalisme.**

- Un enfant de quatre ans survit à une chute de trois étages.

- Un voleur est arrêté et livré à la police par une dame de 80 ans dont il tentait de cambrioler l'appartement.

- Un chien sauve une famille lors d'un incendie.

- Deux enfants de moins de 12 ans ont été inculpés dans le vol d'une bijouterie montréalaise.

- Un Torontois de 45 ans, qui avait disparu en 1980, est retrouvé, vivant, en Chine.

3.	À partir d'un des titres ci-dessous construisez un fait divers en deux paragraphes :

•	Voisin enragé.

•	Oui, le Père Noël existe !

•	Jamais deux sans trois.

4.	Relevez un fait divers dans un journal anglophone et adaptez-le en français.

5.	Un(e) étudiant(e) raconte (ou lit) au reste de la classe, le début d'un fait divers entendu à la radio (ou lu dans un journal). La classe, en groupes ou individuellement, complète le reste de l'histoire en respectant le style de ce genre de journalisme.

Notes :

1. *L'Express de Toronto*, 1er novembre 2002.

2. *Le Figaro,* lundi 3 juin 1996.

3. *L'Express de Toronto,* 26 juillet-1er août 1994.

4. *The Toronto Star,* Saturday, April 27, 1996.

5. *L'Express de Toronto,* semaine du 5 au 11 juillet 1994.

6. *L'Express de Toronto,* semaine du 12 au 18 juillet 1994.

7. *La Corse*, jeudi 7 février 1991.

8. *L'Express de Toronto*, 5–15 janvier 1996.

9. *La Presse*, 29 décembre 1990.

10. *L'Express de Toronto*, 12–19 novembre 1990.

11. *L'Express de Toronto*, 5–15 novembre 1996.

12. *L'Express de Toronto*, 5–15 novembre 1996.

13. *L'Express de Toronto*, 5–15 novembre 1996.

14. *L'Express de Toronto*, 5–15 novembre 1996.

15. *The Toronto Star*, January 20, 1996.

16. *The Toronto Star*, January 20, 1996.

17. *The Toronto Star*, January 20, 1996.

18. *The Globe and Mail*, January 16, 1990.

19. *The Toronto Star*, October 27, 2001.

Suggestions bibliographiques

Novel, Françoise et al. *Lire les faits divers*, Beloeil, Québec, Les Éditions La Lignée Inc., coll. Pratiques de discours, 1985, 104 p.

Novel, Françoise et al. *Lire les faits divers*, (guide pédagogique), Québec, Les Éditions La Lignée Inc., coll. Pratiques de discours, 1985, 58 p.

6. DU RÉCIT D'IMAGINATION AU PASTICHE LITTÉRAIRE

I   QU'EST-CE QU'UN RÉCIT ?

Selon le *Petit Robert,* c'est une « relation orale ou écrite de faits vrais ou imaginaires ». Un récit d'imagination est donc la narration d'une histoire fictive.

1.   Pourquoi écrire ce genre de récit ?

- Pour faire travailler notre imagination.

    L'imagination est une faculté dont disposent abondamment les enfants mais qui, la plupart du temps, diminue avec l'âge... Et pourtant, souvent dans notre vie, elle pourrait nous être d'un grand secours. Il est donc utile de l'enrichir car tout comme un muscle, plus on la fait travailler, plus elle se développe.

- Pour mettre à l'épreuve les acquisitions lexicales, syntaxiques et stylistiques. Dans ce genre de contexte peu contraignant, l'apprenant(e) libre de diriger son récit comme il(elle) l'entend, doit s'efforcer de mettre en application ses acquisitions.

2.   Comment construire un récit ?

Pour parvenir à construire un récit clair, logique et vivant, il faut répondre à un certain nombre de questions qui doivent en constituer la trame :

Où ? Quand ? Qui ? que fait-il(elle) ? Comment s'y prend-il(elle) ? Qu'(Qui) est-ce qui déclenche l'action ? Rencontre-t-il(elle) des obstacles sur son chemin ? Parvient-il(elle) ou non à atteindre ses objectifs ?

2.1   Où et quand ?

Il vous faut absolument situer votre récit dans l'espace et le temps. Puisqu'il ne doit pas dépasser une certaine longueur, vous devez vous assurer que votre description des lieux est non seulement précise et riche en détails, mais qu'elle complète bien votre récit et qu'elle parvient même à le mettre en valeur.

2.2   Qui ?

Fournissez des détails plus ou moins nombreux (selon la longueur de votre récit) sur le physique et la personnalité de votre héros(héroïne). Assurez-vous d'en brosser un portrait physique et moral vivant qui rend votre personnage unique en son genre et donc intéressant pour les lecteurs.

2.3   Que fait votre héros(héroïne) ?

Quelles sont ses intentions ainsi que le(s) projet(s) qu'il(elle) veut réaliser ?

2.4   Qu'/qui est-ce qui déclenche l'action ?

Quel est l'élément déclencheur de l'action.

2.5   Comment s'y prend-il(elle) ?

Que fait-il(elle) pour atteindre ses buts ? Décrivez les différents épisodes qui s'enchaînent les uns après les autres.

2.6   Rencontre-t-il(elle) des obstacles sur son chemin ?

Racontez si votre héros(héroïne) a des alliés ou plutôt des opposants à ses projets. Doit-il(elle) surmonter des obstacles personnels ou des catastrophes naturelles qui le (la) détournent de son chemin ?

2.7   Parvient-il(elle) ou non à atteindre ses objectifs ?

Cette partie constitue le dénouement de l'action et doit donc clairement conclure le récit en s'assurant de sa vraisemblance.

3.   <u>Exercices</u>

3.1   Parmi les contes de fées suivants (*Cendrillon, Le Petit Poucet, Le Petit Chaperon Rouge, La Belle au Bois Dormant...*) choisissez celui qui vous plaît le plus. Après avoir gardé les principaux éléments du début, imaginez une suite différente, qui se déroulerait aujourd'hui.

3.2   Choisissez l'un des personnages de la liste 1 et appariez-le avec l'un des objets de la liste 2. Construisez un court récit autour de ces deux éléments.

Liste 1 : un instituteur – un enfant de 8 ans – un pilote – une baleine – une astronaute – un oiseau

Liste 2 : un arbre – un instrument de musique – un pays – un journal – une fleur – le soleil

Lisez à haute voix vos récits afin de les comparer entre eux.

3.3 Imaginez un court récit dans lequel vous intégrerez un ou plusieurs des propos suivants :

« Quel bonheur de vous revoir ! », « Pars, j'en ai assez de toi ! », « Ah ! Comme ça tombe bien ! », « Attention, vous allez/tu vas... », « Mieux vaut tard que jamais », « J'aurais tellement aimé qu'elle/il soit ici ! »

II   QU'EST-CE QU'UN PASTICHE ?

Selon *Le Petit Robert* un pastiche est une « oeuvre littéraire ou artistique dans laquelle l'auteur a imité la manière, le style d'un maître ».

1.   Pourquoi faire des pastiches littéraires ?

Parce qu'ils sont basés sur une étude des procédés stylistiques des auteurs imités et entraînent donc une prise de conscience des infinies possibilités que procure la maîtrise d'une langue.

Parce que la compréhension des procédés stylistiques permet une meilleure appréciation des textes et des auteur(e)s.

Parce qu'ils font faire des exercices de style de façon amusante.

2.   Comment faire un pastiche ?

2.1 Il faut respecter l'intention de l'auteur(e) : s'agit-il d'un texte comique ? ironique ? poétique ? tragique ? etc.

2.2 Il faut respecter le(s) niveau(x) de langue adopté(s) par l'auteur(e). On distingue quatre niveaux de langue :

> Le niveau soigné/recherché
> Le niveau correct/ordinaire/neutre
> Le niveau familier
> Le niveau vulgaire/populaire

Pour déterminer le niveau de langue d'un texte il faut repérer des indices tels que :

> Le vouvoiement ou le tutoiement dans un dialogue
> Les temps du passé utilisés
> Le vocabulaire : est-il simple ou recherché ? Est-il littéraire ? Est-il technique ? Est-il familier ou populaire ?
> Contient-il des régionalismes ? Des archaïsmes ? Des néologismes ?
> La correction grammaticale.

2.3 Il faut déterminer la forme d'écriture adoptée :

> S'agit-il d'une narration à la première ou à la troisième personne ?
> S'agit-il d'un dialogue ?

> Y-a-t-il une alternance narration-dialogue et dans ce cas quelle est la proportion de chacune de ces formes ?

2.4 Les phrases :

> Sont-elles longues ou courtes ?
> Sont-elles toutes énonciatives ?
> Y-a-t-il des phrases interrogatives et/ou exclamatives ?

2.5 L'auteur(e) utilise-t-il(elle) un grand nombre d'adjectifs ou d'adverbes ?

2.6 L'auteur(e) a-t-il(elle) recours à des comparaisons et des métaphores ? Ces dernières sont-elles familières ou recherchées ?

III   <u>TEXTES PROPOSÉS ET EXERCICES</u>

1.   <u>Une nouvelle sensationnelle</u>

Pour annoncer le mariage d'une princesse de sang royal (la Grande Mademoiselle, cousine de Louis XIV) avec le duc de Lauzun, la marquise de Sévigné (1626–1696) écrivit à son cousin, qui se trouvait à Lyon, la lettre suivante :

Je m'en vais vous mander la chose la plus étonnante, la plus surprenante, la plus merveilleuse, la plus miraculeuse, la plus triomphante, la plus étourdissante, la plus inouïe, la plus singulière, la plus extraordinaire, la plus incroyable, la plus imprévue, la plus grande, la plus petite, la plus rare, la plus commune, la plus éclatante, la plus secrète jusqu'aujourd'hui, la plus brillante, la plus digne d'envie enfin une chose dont on ne trouve qu'un exemple dans les siècles passés, encore cet exemple n'est-il pas juste ; une chose que l'on ne peut pas croire à Paris (comment la pourrait-on croire à Lyon ?) ; une chose qui fait crier miséricorde à tout le monde ; une chose qui comble de joie Mme de Rohan et Mme d'Hauterive ; une chose enfin qui se fera dimanche, où ceux qui la verront croiront avoir la berlue* ; une chose enfin qui se fera dimanche, et qui ne sera peut-être pas faite lundi. Je ne puis me résoudre à la dire ; devinez-la : je vous le donne en trois* : Jetez-vous votre langue aux chiens* ? Eh bien ! il faut donc vous la dire : M. de Lauzun épouse dimanche au Louvre, devinez qui ? je vous le donne en quatre, je vous le donne en dix, je vous le donne en cent. Mme de Coulanges dit : « Voilà qui est bien difficile à deviner ; c'est Mme de La Vallière. – Vous n'y êtes pas. Il faut donc à la fin vous le dire : il épouse, dimanche, au Louvre, avec la permission du Roi, Mademoiselle, Mademoiselle de...,

Mademoiselle..., devinez le nom : il épouse Mademoiselle, ma foi ! par ma foi! ma foi jurée ! Mademoiselle, la Grande Mademoiselle ; Mademoiselle, fille de feu Monsieur* ; Mademoiselle, petite-fille de Henri IV ; Mlle d'Eu, Mlle de Dombes, Mlle de Montpensier, Mlle d'Orléans, Mademoiselle, cousine germaine du Roi ; Mademoiselle, destinée au trône ; Mademoiselle, le seul parti de France qui fût digne de Monsieur*.

Voilà un beau sujet de discourir. Si vous criez, si vous êtes hors de vous-même, si vous dites que nous avons menti, que cela est faux, qu'on se moque de vous, que voilà une belle raillerie, que cela est bien fade à imaginer ; si enfin vous nous dites des injures : nous trouverons que vous avez raison ; nous en avons fait autant que vous.

Adieu : les lettres qui seront portées par cet ordinaire* vous feront voir si nous disons vrai ou non.

* Sens propre : maladie des yeux. Sens figuré : être victime d'une illusion.
* L'expression usuelle est « je vous le donne en mille » qui signifie « vous ne pourrez jamais deviner ».
* L'expression usuelle est « donnez votre langue au chat » qui signifie s'avouer incapable de trouver une solution.
* Gaston d'Orléans, frère de Louis XIII. Tous les noms qui suivent sont les titres de la Grande Mademoiselle.
* Philippe d'Orléans, frère de Louis XIV.
* Courrier.

a) Relevez les procédés stylistiques qui marquent l'exagération au début du texte.

b) Relevez et commentez les contrastes utilisés dans la première phrase.

c) Commentez les sonorités de cette première phrase.

d) À quel niveau de langue appartiennent les expressions :

   jeter sa langue aux chiens
   je vous le donne en trois

Par rapport aux expressions usuelles indiquées ci-dessus (« je vous le donne en mille » et « donnez votre langue au chat ») quel effet produisent les changements opérés par l'épistolière ?

e) De quelle façon le suspense est-il entretenu ?

f) Pourquoi l'écrivaine énumère-t-elle tous les titres de la Grande Mademoiselle ?

g) Quelle est la fonction du dialogue ?

h) Quelle est la fonction de l'avant-dernier paragraphe ?

Rédaction :

Faites un pastiche de cette lettre. Écrivez à un(e) ami(e) pour lui annoncer une nouvelle inattendue.

2. **<u>Comment peut-on être Persan</u> ?**

La lettre suivante est tirée du roman les *Lettres persanes* (1721) de Montesquieu (1689-1755). Rica, voyageur persan de passage à Paris, écrit à son ami Ibben :

Les habitants de Paris sont d'une curiosité qui va jusqu'à l'extravagance. Lorsque j'arrivai, je fus regardé comme si j'avais été envoyé du ciel : vieillards, hommes, femmes, enfants, tous voulaient me voir. Si je sortais, tout le monde se mettait aux fenêtres ; si j'étais aux Tuileries*, je voyais aussitôt un cercle se former autour de moi : les femmes même faisaient un arc-en-ciel, nuancé de mille couleurs, qui m'entourait ; si j'étais aux spectacles, je trouvais d'abord cent lorgnettes dressées contre ma figure : enfin jamais homme n'a été tant vu que moi. Je souriais quelquefois d'entendre des gens qui n'étaient presque jamais sortis de leur chambre, qui disaient entre eux : « Il faut avouer qu'il a l'air bien persan. » Chose admirable ! je trouvais de mes portraits partout ; je me voyais multiplié dans toutes les boutiques, sur toutes les cheminées : tant on craignait de ne m'avoir pas assez vu.

Tant d'honneurs ne laissent pas d'être à charge : je ne me croyais pas un homme si curieux et si rare ; et, quoique j'aie très bonne opinion de moi, je ne me serais jamais imaginé que je dusse troubler le repos d'une grande ville où je n'étais point connu. Cela me fit résoudre à quitter l'habit persan et à en endosser un à l'européenne, pour voir s'il resterait encore dans ma physionomie quelque chose d'admirable. Cet essai me fit connaître ce que je valais réellement : libre de tous les ornements étrangers, je me vis apprécié au plus juste. J'eus sujet de me plaindre de mon tailleur, qui m'avait fait perdre en un instant l'attention et l'estime publique : car j'entrai tout à coup dans un néant affreux. Je demeurais quelquefois une heure dans une compagnie sans qu'on m'eût regardé, et qu'on m'eût mis en occasion d'ouvrir la bouche. Mais si quelqu'un, par hasard, apprenait à la compagnie que j'étais Persan, j'entendais aussitôt autour de moi un bourdonnement : « Ah ! ah ! Monsieur est Persan ? C'est une chose bien extraordinaire ! Comment peut-on être Persan ? »

*   La résidence royale des Tuileries était entourée de jardins où les Parisiens avaient accès.

a)   Quelle est la fonction de chacun des deux paragraphes ?

b)   Si à la place du premier paragraphe l'auteur s'était contenté d'écrire « les Parisiens sont très curieux », l'effet aurait-il été le même ? Pourquoi ?

c)   Quel est l'effet produit par la question finale ?

Rédaction :

Vos concitoyens ont probablement des goûts et des usages qui leur sont propres. Faites un pastiche du texte de Montesquieu en l'adaptant à la société dans laquelle vous vivez.

3.   **Le Journal d'un homme de quarante ans**

L'extrait suivant est tiré du *Journal d'un homme de quarante ans* (1934) de Jean Guéhenno (1890-1978).

Je suis né dans les années 1890 et j'appartiens à une espèce commune de l'humanité. J'ai idée que les auteurs de mes jours ne m'attendaient pas. Ils m'eussent volontiers laissé dans l'autre monde. Mais ils firent de nécessité vertu. Je dus, comme tant d'autres, naître d'une inadvertance. L'erreur n'a pas été pour moi sans gravité, mais je ne songe pas à en tenir rigueur à ceux qui la commirent. J'ai lu trop souvent dans leurs yeux l'immense désir qu'ils avaient que je sois heureux d'être là et de vivre. Et puis la vie elle-même, si mauvaise soit-elle, vous réconcilie avec la vie. Enfin la terre étant un monde habité, il faut bien admettre que ses habitants emploient leurs loisirs à la repeupler. C'est leur plus vrai plaisir.

On me mit en nourrice. M'élever à la maison était impossible. Mes parents travaillaient tout le jour. Mon père était cordonnier, ma mère était piqueuse. Je fus donc élevé par une grand-tante maternelle dans un village, à huit kilomètres de la ville, où je demeurai jusqu'à cinq ans. C'est une grande chance. Je lui dus de ne connaître qu'assez tard les servitudes de mon siècle. Je sais que toutes sortes de choses faussent maintenant la vision que j'ai du passé. Il me semble pourtant que l'Europe, qui devait un jour si bien me vaincre, est plus accablante dans les villes. Elle accable même les petits enfants. Au plein air des champs, j'ai pensé être roi du monde.

a)   Justifiez l'utilisation des temps et des modes au premier paragraphe. Quelles indications nous donnent-ils sur le niveau de langue du texte ? N'hésitez pas à faire appel à un livre de verbes et de grammaire.

b)   Considérant la date de naissance de l'auteur, pouvez-vous émettre quelques conjectures sur les servitudes auxquelles Jean Guéhenno fait allusion au deuxième paragraphe ?

c)   Justifiez la fonction de chacun des paragraphes.

d)   La dernière phrase contraste avec celles qui précèdent. Montrez comment le style de l'auteur renforce l'idée qu'il veut mettre en lumière dans cette phrase.

4.   <u>**Les Mémoires d'une jeune fille rangée**</u>

L'extrait suivant est tiré des *Mémoires d'une jeune fille rangée* (1958) de Simone de Beauvoir (1908-1986).

Je suis née à quatre heures du matin, le 9 janvier 1908, dans une chambre aux meubles laqués de blanc, qui donnait sur le boulevard Raspail. Sur les photos de famille prises l'été suivant, on voit de jeunes dames en robes longues, aux chapeaux empanachés de plumes d'autruche, des messieurs coiffés de canotiers et de panamas qui sourient à un bébé : ce sont mes parents, mon grand-père, des oncles, des tantes, et c'est moi. Mon père avait trente ans, ma mère vingt et un, et j'étais leur premier enfant. Je tourne une page de l'album ; maman tient dans ses bras un bébé qui n'est pas moi ; je porte une jupe plissée, un béret, j'ai deux ans et demi, et ma sœur vient de naître. J'en fus, paraît-il, jalouse, mais pendant peu de temps. Aussi loin que je me souvienne, j'étais fière d'être l'aînée : la première. Déguisée en chaperon rouge, portant dans mon panier galette et pot de beurre, je me sentais plus intéressante qu'un nourrisson cloué dans son berceau. J'avais une petite sœur : ce poupon ne m'avait pas.

De mes premières années, je ne retrouve guère qu'une impression confuse : quelque chose de rouge, et de noir, et de chaud. L'appartement était rouge, rouges la moquette, la salle à manger Henri II, la soie gaufrée qui masquait les portes vitrées, et dans le cabinet de papa les rideaux de velours ; les meubles de cet antre sacré étaient en poirier noirci ; je me blottissais dans la niche creusée sous le bureau, je m'enroulais dans les ténèbres ; il faisait sombre, il faisait chaud et le rouge de la moquette criait dans mes yeux. Ainsi se passa ma toute petite enfance. Je regardais, je palpais, j'apprenais le monde, à l'abri.

a)   Quels sont les deux temps verbaux les plus utilisés dans le texte ? Justifiez leur emploi.

b)   Le passé simple est utilisé deux fois. Justifiez cet emploi.

c)   Avec l'aide d'une grammaire justifiez l'emploi du subjonctif dans la phrase « Aussi loin que je me souvienne... ».

d)   Justifiez la fonction de chacun des deux paragraphes.

e)   Commentez la phrase finale.

f)   Si vous comparez les textes de Jean Guéhenno et de Simone de Beauvoir, lequel des deux vous semble le moins abstrait ? Justifiez votre réponse.

Rédaction :

En vous inspirant d'un des deux textes ci-dessus, rédigez les deux premiers paragraphes de vos mémoires. Prêtez attention au niveau de langue. Donnez un titre à votre texte. Formulez une phrase particulièrement frappante pour le terminer.

5. **Le passe-muraille**

La nouvelle suivante a donné son nom au livre de Marcel Aymé (1902–1967) *Le passe-muraille* (1943). Nous vous fournissons le début et la conclusion de cette nouvelle. En vous aidant des conseils que nous donnons dans la section intitulée *Comment faire un pastiche*, rédigez en 500 mots environ la partie manquante (exercice à faire en classe par petits groupes, après avoir analysé le texte individuellement à la maison).

<u>Début</u>

Il y avait à Montmartre, au troisième étage du 75 *bis* de la rue d'Orchampt, un excellent homme nommé Dutilleul qui possédait le don singulier de passer à travers les murs sans en être incommodé. Il portait un binocle, une petite barbiche noire, et il était employé de troisième classe au ministère de l'Enregistrement. En hiver, il se rendait à son bureau par l'autobus, et, à la belle saison, il faisait le trajet à pied, sous son chapeau melon.

Dutilleul venait d'entrer dans sa quarante-troisième année lorsqu'il eut la révélation de son pouvoir. Un soir, une courte panne d'électricité l'ayant surpris dans le vestibule de son petit appartement de célibataire, il tâtonna un moment dans les ténèbres et, le courant revenu, se trouva sur le palier du troisième étage. Comme sa porte d'entrée était fermée à clé de l'intérieur, l'incident lui donna à réfléchir et, malgré les remontrances de sa raison, il se décida à rentrer chez lui comme il en était sorti, en passant à travers la muraille. Cette étrange faculté, qui semblait ne répondre à aucune de ses aspirations, ne laissa pas de le contrarier un peu et, le lendemain samedi, profitant de la semaine anglaise, il alla trouver un médecin du quartier pour lui exposer son cas. Le docteur put se convaincre qu'il disait vrai et, après examen, découvrit la cause du mal dans un durcissement hélicoïdal de la paroi strangulaire du corps thyroïde. Il proscrivit le surmenage intensif et, à raison de deux cachets par an, l'absorption de poudre de pirette tétravalente, mélange de farine de riz et d'hormone de centaure.

Ayant absorbé un premier cachet, Dutilleul rangea le médicament dans un tiroir et n'y pensa plus. Quant au surmenage intensif, son activité de fonctionnaire était réglée par des usages ne s'accommodant d'aucun excès, et ses heures de loisir, consacrées à la lecture du journal et à sa collection de timbres, ne l'obligeaient pas non plus à une dépense déraisonnable d'énergie. Au bout d'un an, il avait donc gardé intacte la faculté de passer à travers les murs, mais il ne l'utilisait jamais, sinon par inadvertance, étant peu curieux d'aventures et rétif aux entraînements de l'imagination. L'idée ne lui venait même pas de rentrer chez lui autrement que par la porte et après l'avoir dûment ouverte en faisant jouer la serrure. Peut-être eût-il vieilli dans la paix de ses habitudes sans avoir la tentation de mettre ses dons à l'épreuve, si un événement extraordinaire n'était venu soudain bouleverser son existence. M. Mouron, son sous-chef de bureau, appelé à d'autres fonctions, fut remplacé par un certain M. Lécuyer, qui avait la parole brève et la moustache en brosse. Dès le premier jour, le nouveau sous-chef vit de très mauvais oeil que Dutilleul portât un lorgnon à chaînette et une barbiche noire, et il affecta de le traiter comme une vieille chose gênante et un peu malpropre. Mais le plus grave était qu'il prétendit introduire dans son service des réformes d'une portée considérable et bien faites pour troubler la quiétude de son subordonné. Depuis vingt ans, Dutilleul commençait ses lettres par la formule suivante : « Me reportant à votre honorée du tantième courant et, pour mémoire, à notre échange de lettres antérieur, j'ai l'honneur de vous informer... ». Formule à laquelle M. Lécuyer entendit substituer une autre d'un tour plus américain : « En réponse à votre lettre du tant, je vous informe... » Dutilleul ne put s'accoutumer à ces façons épistolaires. Il revenait malgré lui à la manière traditionnelle, avec une obstination machinale qui lui valut l'inimitié grandissante du sous-chef. L'atmosphère du ministère de l'Enregistrement lui devenait presque pesante. Le matin, il se rendait à son travail avec appréhension, et le soir, dans son lit, il lui arrivait bien souvent de méditer un quart d'heure entier avant de trouver le sommeil.

Écoeuré par cette volonté rétrograde qui compromettait le succès de ses réformes, M. Lécuyer avait relégué Dutilleul dans un réduit à demi obscur, attenant à son bureau. On y accédait par une porte basse et étroite donnant sur le couloir et portant encore en lettres capitales l'inscription : Débarras. Dutilleul avait accepté d'un coeur résigné cette humiliation sans précédent, mais chez lui, en lisant dans son journal le récit de quelque sanglant fait divers, il se surprenait à rêver que M. Lécuyer était la victime.

Un jour, le sous-chef fit irruption dans le réduit en brandissant une lettre et il se mit à beugler :

– Recommencez-moi ce torchon ! Recommencez-moi cet innommable torchon qui déshonore mon service !

Dutilleul voulut protester, mais M. Lécuyer, la voix tonnante, le traita de cancrelat routinier, et, avant de partir, froissant la lettre qu'il avait en main, la lui jeta au visage. Dutilleul était modeste, mais fier. Demeuré seul dans son réduit, il fit un peu de température et, soudain, se sentit en proie à l'inspiration.
[...]
<u>Conclusion</u>

Dutilleul, délivré de la tyrannie de M. Lécuyer, put revenir à ses chères formules : « Me reportant à votre honorée du tantième courant... »

Notez la différence de sens des verbes :

- Prescrire : recommander fortement, conseiller
- Proscrire : interdire

Le docteur lui a proscrit le surmenage

=

Le docteur lui a interdit le surmenage

Le docteur lui a prescrit un antibiotique

=

Le docteur lui a recommandé de prendre un antibiotique

Rédaction :

Vous avez le début du texte et sa conclusion, rédigez en deux paragraphes la partie manquante en respectant le style de l'auteur.

6.   Les escaliers d'Erika

Le récit suivant est tiré du recueil *Contes pour buveurs attardés* (1966) de l'écrivain montréalais Michel Tremblay (1942-).

Lorsque je suis arrivé au château, Erik était absent. Louis, son domestique, me remit une note de sa part. Mon ami s'excusait de ne pouvoir être présent à l'heure de mon arrivée, une affaire importante le retenait à la ville jusqu'au dîner.

Je m'installai donc dans une des nombreuses chambres d'amis, la chambre bleue, ma préférée, et demandai à Louis d'aller à la bibliothèque me chercher un livre. Mais il me répondit que la bibliothèque était fermée depuis deux mois et que le maître défendait absolument qu'on y entrât.

— Même moi ? demandai-je surpris.

— Même vous, monsieur. Personne ne doit plus jamais entrer dans la bibliothèque. Ce sont les ordres du maître.

— Est-ce que monsieur Erik pénètre encore dans la bibliothèque, lui ?

– Oh ! non, monsieur... Monsieur Erik évite même le plus possible de passer devant la bibliothèque.

– Vous savez pour quelle raison la bibliothèque est fermée ?

– Non, monsieur.

– C'est bien, Louis, merci. Ah ! Au fait, est-ce que la porte de la bibliothèque est fermée à clef ?

– Non, monsieur. Monsieur sait bien que la porte de la bibliothèque ne se verrouille pas.

Resté seul, je défis mes valises en me demandant ce qui avait poussé Erik à prendre une telle décision, surtout que la bibliothèque était la plus belle et la plus confortable pièce de la maison...

C'est alors que je pensai à Erika. Je faillis échapper une pile de linge sur le tapis. Se pouvait-il qu'Erika fût de retour ? Pourtant, Erik m'avait juré qu'elle ne reviendrait jamais. Je résolus de questionner mon ami à ce sujet dès son retour au château.

Au dîner, Erik n'était toujours pas là. Vers neuf heures, un messager vint porter une lettre au château, une lettre qui m'était adressée. Je reconnus tout de suite l'écriture d'Erik et je devinai que mon ami ne pouvait se rendre au château pour la nuit et qu'il s'en excusait.

Au bas de la lettre Erik avait écrit : « Tu dois savoir, à l'heure actuelle, que la porte de la bibliothèque est fermée à jamais. Je t'expliquerai tout, demain. Je t'en supplie, ne t'avise pas de pénétrer dans cette pièce, tu le regretterais. J'ai confiance en toi et je sais que tu ne tricheras pas. Si tu n'as pas déjà compris ce qui se passe, pense à notre enfance, à une certaine période de notre enfance et tu comprendras. »

Toute la nuit, je pensai à cette affreuse période de notre enfance pendant laquelle des choses bien étranges s'étaient produites...

Erika était la sœur jumelle d'Erik. C'était une enfant détestable, méchante, qui nous haïssait, Erik et moi, et qui faisait tout en son pouvoir pour nous faire punir. Erika n'aimait pas son frère parce que, disait-elle, il lui ressemblait trop. Elle ne pouvait souffrir qu'on fût aussi beau qu'elle et tout le monde était d'accord pour dire que les jumeaux étaient également beaux, le garçon n'ayant rien à envier à sa sœur.

Moi, elle me haïssait parce que j'étais l'ami de son frère. Erik était très exigeant pour ses amis ; Erika, elle, était tyrannique pour les siens et elle était surprise de n'en avoir pas beaucoup... Elle adorait faire souffrir les autres et ne manquait jamais une occasion de nous pincer, de nous frapper et même, et c'était là son plus grand plaisir, de nous précipiter au bas des escaliers. Elle se cachait au haut d'un escalier et s'arrangeait pour pousser la première personne qui venait à monter ou à descendre. Rares étaient les journées qui se passaient sans qu'un membre de la famille ou un domestique ne dégringolât un quelconque escalier de la maison.

Dans la bibliothèque du château se trouvait l'escalier le plus dangereux. Plus précisément, c'était une de ces échelles de bibliothèque qui se terminent par un petit balcon, échelles sur roues, très amusantes pour les enfants mais que les adultes maudissent à cause de leur trop grande facilité de déplacement.

Un jour que grimpé sur le petit balcon je cherchais un livre sur le dernier rayon de la bibliothèque, Erika s'introduisit dans la pièce et sans le faire exprès, jura-t-elle par la suite, donna une violente poussée à l'échelle. Je traversai toute la bibliothèque en hurlant du haut de mon balcon et faillis me tuer en m'écrasant sur la grande table de chêne qui occupait le tiers de la pièce. Erika avait trouvé l'aventure excessivement amusante mais, cette fois, Erik s'était fâché et avait juré de se venger...

Deux jours plus tard, on avait trouvé Erika étendue au pied de l'échelle de la bibliothèque, tête fendue. Elle était morte durant la nuit suivante mais avant de mourir elle répétait sans cesse : « Erik, Erik, je te hais ! Je reviendrai, Erik, et je me vengerai ! Prends garde aux escaliers, prends garde aux escaliers... Un jour... je serai derrière toi et... Erik, Erik, je te hais et je te tuerai ! »

Pendant quelque temps nous eûmes très peur, Erik et moi, de la vengeance d'Erika. Mais rien ne se produisit.

Les années passèrent. Notre enfance s'achevait dans le bonheur le plus parfait. Mes parents étaient morts et ceux d'Erik m'avaient recueilli. Nous grandissions ensemble, Erik et moi, et nous étions heureux. Quatre ans s'étaient écoulés depuis la mort d'Erika, nous avions quatorze ans.

Un jour, les chutes dans les escaliers du château recommencèrent. Tout le monde, sans comprendre ce qui se passait, faisait des chutes plus ou moins graves, sauf Erik et moi. Nous comprîmes tout de suite ce qui se passait. Erika était de retour ! Un soir, pendant un bal, Louis était tombé dans le grand escalier du hall et nous avions entendu le rire d'une petite fille et ces quelques mots glissés à nos oreilles : « Ce sera bientôt ton tour, Erik ! »

Les accidents avaient continué pendant des mois sans qu'Erik et moi ne fussions une seule fois victime d'Erika. Les gens du château commençaient même à se demander si nous n'étions pas les coupables...

Un soir, mon ami était entré seul dans la bibliothèque. Nous lisions au salon, les parents d'Erik et moi, quand nous entendîmes un vacarme épouvantable dans la bibliothèque. Je me levai d'un bond en criant : « Erika est là ! Erik est en danger ! » La mère de mon ami me gifla pendant que son époux courait à la bibliothèque. Mais il ne put ouvrir la porte, elle était coincée. « Erik a dû pousser un meuble derrière la pièce. Il semblait y avoir une bataille et nous entendions la voix d'Erik et une autre, toute petite... « Je vous dis que c'est Erika ! criai-je. Il faut sauver Erik ! Elle va le tuer ! » Nous ne pûmes pénétrer dans la pièce.

La bataille cessa très soudainement, après un bruit de chute. Il y eut un long silence. J'avais les yeux braqués sur la porte et je sentais mon cœur se serrer de plus en plus à mesure que le silence se prolongeait. Puis la porte s'ouvrit toute grande, quelque chose d'invisible passa entre la mère d'Erik et moi et nous entendîmes le rire d'une petite fille.

Nous trouvâmes Erik étendu au bas de l'escalier, dans la même pose qu'on avait trouvé sa sœur, quatre ans plus tôt. Heureusement, il n'était pas mort. Il s'était brisé une jambe et était resté infirme.

Erik ne m'avait jamais dit ce qui s'était passé dans la bibliothèque, ce soir-là. Il m'avait cependant juré que sa sœur ne reviendrait plus jamais parce qu'elle le croyait mort.

Quatre autres années s'étaient écoulées sans qu'une seule aventure malencontreuse ne se fût produite au château. J'avais quitté la maison de mon ami pour m'installer dans une petite propriété, héritage d'un oncle éloigné.

C'est quelques semaines seulement après la mort des parents d'Erik que j'avais reçu une lettre de mon ami me suppliant de revenir auprès de lui. « Nous sommes trop jeunes pour vivre en ermites, me disait-il dans sa lettre. Vends ta propriété et viens habiter avec moi. » J'ai vendu ma propriété et me suis rendu le plus vite possible au château d'Erik.

Je finis par m'assoupir vers une heure du matin. Je dormais depuis deux heures environ lorsque je fus éveillé par Louis. « Réveillez-vous, monsieur, réveillez-vous, il se passe des choses dans la bibliothèque ! »

Je descendis au rez-de-chaussée et m'arrêtai devant la porte de la bibliothèque. J'entendis distinctement des voix.

– Ils faisaient plus de bruit tout à l'heure, me dit le vieux Louis. Ils semblaient se battre ! Ils criaient, ils couraient... J'ai essayé d'ouvrir la porte mais elle est coincée comme cela s'est produit le jour de l'accident de monsieur Erik...

– Monsieur Erik est-il de retour ? demandai-je au domestique pendant que les voix continuaient leur murmure désagréable.

— Je ne crois pas, monsieur, je n'ai rien entendu.

Je dis alors à Louis qu'il pouvait se retirer. Je collai mon oreille à la porte de la bibliothèque. Je ne pouvais saisir ce que disaient les voix mais elles semblaient furieuses toutes les deux. Soudain, j'entendis un bruit que je connaissais trop bien : on poussait l'échelle à balcon. Puis quelqu'un grimpa à l'échelle avec beaucoup de difficulté, semblait-il.

J'entendis courir dans la pièce et la porte s'ouvrit. « Tu peux entrer, Hans, dit une petite voix, je veux que tu voies ce qui va se passer. » Aussitôt entré dans la bibliothèque, je poussai un cri de stupeur. Erik était sur le balcon au haut de l'échelle, avec ses deux béquilles, et il semblait terriblement effrayé. Avant que j'aie eu le temps de faire un seul geste, l'échelle se mit à bouger. Je me précipitai vers elle mais il était trop tard. L'échelle s'abattit sur le sol dans un fracas épouvantable, entraînant Erik dans sa chute.

Erika riait. Je l'entendais tout près mais je ne la voyais pas. Elle me riait dans les oreilles, si fort que j'en étais étourdi. Louis arriva en courant, se pencha sur le corps d'Erik et pleura.

Avant de partir, Erika a murmuré à mon oreille : « Nous nous reverrons dans quatre ans, Hans... »

Rédaction :

En vous aidant de nos conseils, rédigez en 500 mots environ une suite possible à cette nouvelle.

Suggestions bibliographiques

Caré, Jean-Marc et Debyser, Francis. *Jeu, langage et créativité*, Paris, Hachette et Larousse, 1991.

Queneau, Raymond. *Exercices de style*, Paris, Gallimard, 2002.

Proust, Marcel. *Pastiches et mélanges*, Paris, Gallimard, 1992.

Roche, Anne et al. *L'atelier d'écriture, éléments pour la rédaction du texte littéraire*, Paris, Bordas, 1989.

Rodari, Gianni. *Grammaire de l'imagination*, Rue du monde, 1998.

DEUXIÈME PARTIE

❧ STRATÉGIES D'AUTO-PERFECTIONNEMENT ❧

1. SAVOIR CLAIREMENT ORGANISER ET RÉDIGER UN TEXTE ÉCRIT

I   **PREMIÈRE ÉTAPE : LES IDÉES ET LE PLAN SUR LE PAPIER**

1.   Il vous faut tout d'abord vous assurer que vous **comprenez bien le sujet** et en particulier les mots-clés qui le jalonnent.

Ainsi, quand un sujet commence par « pourquoi ... », « êtes-vous de l'avis de ... », « que pensez-vous de ... », « expliquez ... », c'est qu'on vous demande de réagir et d'exprimer des opinions personnelles. Il n'y a pas qu'une seule réponse possible et acceptable mais ce que le(la) lecteur(trice) veut, c'est que vos opinions s'appuient sur un raisonnement solide.

2.   Il vous faut ensuite **explorer tous les aspects du sujet**, autrement dit, faire le tour de la question afin d'être en mesure d'exprimer des idées riches, variées et intéressantes, appuyées par des exemples convaincants.

Ainsi, après une période de réflexion, il est important d'inscrire sur une feuille de brouillon toutes les idées qui vous viennent à l'esprit.

Exercice 1 :

« Le cinéma et la télévision sont responsables de la violence qui se manifeste aujourd'hui, dans notre société. » Que répondre à cette affirmation ?

- Énumérez les idées qui confirment cette déclaration.

- Énumérez les idées qui infirment cette déclaration.

- Expliquez comment vous envisagez une utilisation plus constructive et plus pacifique du cinéma et de la télévision.

Exercice 2 :

Quelle importance accordez-vous à l'argent ?

- Faites la liste des problèmes qui peuvent être causés par l'argent.

- Faites la liste des avantages que présente l'argent.

Exercice 3 :

Êtes-vous optimiste ou pessimiste en ce qui concerne la survie écologique de notre planète et la sauvegarde de notre environnement ?

- Expliquez pourquoi, d'après vous, la sauvegarde de notre environnement est essentielle.

- Énumérez les différentes raisons de votre optimisme.

- Énumérez les raisons de vos inquiétudes.

- Est-ce une cause perdue ou un combat qu'il est encore temps de livrer?

3.   Une fois vos idées inscrites sur le papier, il faut les **organiser** selon un **plan logique**.

Ainsi, vous devez rassembler les idées qui appartiennent au même thème et les organiser logiquement entre elles.

Ce travail d'organisation vous aidera à déterminer les deux ou trois grandes parties qui constitueront votre composition.

Il est important que ces différentes parties s'articulent logiquement entre elles afin de former un tout cohérent et bien construit.

Exercice 4 :

Étant donné le sujet suivant : « Quelle importance accordez-vous à l'argent ? » voici un certain nombre d'idées en vrac :

Je pourrais m'acheter et acheter à ceux que j'aime ce qui me plaît / « L'argent ne fait pas le bonheur » / les gens riches passent leur temps à travailler / L'argent me permettrait de ne pas travailler / Avec l'argent je serais libre de mener ma vie comme je le désire / Beaucoup d'argent non, mais suffisamment d'argent oui ! / Les gens riches veulent toujours être plus riches que leurs voisins / L'argent facilite la vie / Avec l'argent viennent les envieux et les faux-amis / Si j'avais de l'argent, voilà ce que je ferais...

- Organisez ces idées en ensembles thématiques.

- Dégagez deux ou trois grandes parties auxquelles vous donnerez un titre.

- Articulez logiquement ces différentes parties entre elles pour vous assurer du bon enchaînement des idées.

152

Exercice 5 :

Faites le même exercice à partir du sujet suivant :

« La passion amoureuse est nécessairement éphémère. »

Exercice 6 :

Faites le même exercice à partir du sujet suivant :

« Votre pays est le Canada. Expliquez ce qui vous plaît dans ce pays ainsi que les inquiétudes que vous avez quant à son avenir. »

4. Maintenant que vous connaissez le contenu du « corps » de votre devoir, c'est-à-dire de son développement, il vous faut rédiger une **introduction** et une **conclusion** c'est-à-dire présenter votre sujet et poser une question à laquelle vous tenterez de répondre dans la conclusion.

Ainsi dans l'introduction vous annoncez brièvement comment vous comptez traiter votre sujet puis vous posez une question.

Dans la conclusion vous tentez de répondre à la question posée dans l'introduction et vous essayez, si possible, d'élargir le débat. La rédaction d'une conclusion solide est importante car elle constitue la dernière impression qu'a le(la) lecteur(trice) de votre devoir. Elle permet de voir si votre travail est le résultat d'une réflexion solide et cohérente.

Exercice 7 :

Décrivez le(la) professeur(e) qui vous a le plus marqué(e) durant toutes vos années à l'école.

Esquisse d'introduction :

• Maintenant que je suis enfin à l'université et que le système d'enseignement est si différent du système scolaire, j'ai le recul qu'il me faut pour pouvoir réfléchir à tête reposée à mes nombreuses années passées à l'école. À quelques exceptions près, ce fut une expérience très positive grâce à des professeurs tout à fait dévoués à leurs élèves. Et parmi tous ces professeurs exceptionnels, il y en a un(e) qui m'a profondément marqué(e).

Esquisse de conclusion :

• Grâce à ma description, vous comprenez aisément pourquoi Madame (ou Monsieur) Un(e)tel(le) était exceptionnel(le). Les êtres de cette qualité sont rares mais j'espère cependant que mes années à l'université me permettront d'en rencontrer d'autres.

Quant au « corps » de votre rédaction que l'on nomme **développement**, il se composera de deux ou trois parties qui aborderont chacune un aspect du sujet traité. Ces différentes parties prendront la forme de paragraphes qui constitueront les différentes étapes de votre raisonnement.

La mise sur pied d'une **armature (ou toile de fond) solide** sur laquelle les différents paragraphes s'enchaîneront logiquement permettra de construire progressivement un ensemble logique et cohérent.

II   <u>DEUXIÈME ÉTAPE : LA RÉDACTION DU TEXTE</u>

Vous êtes maintenant en mesure d'entreprendre la rédaction de votre texte sous forme de brouillon.

Il est donc important :

1.   De suivre rigoureusement le **plan** que vous avez établi.

2.   De raffiner et de travailler votre **style** :

2.1   En employant <u>un vocabulaire riche, varié et précis</u>.

Exemple :

Il ne fait nul doute que vous seriez compris(e) si vous écriviez : « Hier, je suis allée sur une plage où il y avait beaucoup de monde. Le soleil était très chaud et rendait aveugle et la mer était très agitée. Cette plage était juste à côté d'un petit port qui était dans une baie tranquille et dans lequel il y avait beaucoup de bateaux. Soudain, il y a eu beaucoup de nuages dans le ciel et une très grosse pluie est tombée sur les gens qui se baignaient. »

Et pourtant, vous pourriez écrire un texte plus concis et plus léger, en choisissant un vocabulaire plus précis et varié. En voici une version améliorée : « Hier, je me suis rendue sur une plage très animée. Le soleil était brûlant et même aveuglant et la mer était démontée. Cette plage se situait à côté d'un petit port abrité par une baie tranquille où étaient ancrés de nombreux bateaux. Soudain, le ciel s'est couvert et une pluie torrentielle (diluvienne) s'est abattue sur les baigneurs. »

Exercice 8 :

Proposez une version améliorée du point de vue lexical et stylistique de la description suivante. « Hier, j'ai rencontré un homme qui avait une barbe épaisse, des yeux où l'on voyait la surprise et un sourire où l'on voyait la joie. Il avait des joues bien rondes, un teint qui avait de vives couleurs et un sourire très charmant. Son front avait perdu ses cheveux, ses yeux étaient curieux et regardaient partout et les quelques cheveux qui lui restaient étaient épais et en désordre. Il était vraiment original ! »

2.2 En utilisant judicieusement des <u>connecteurs</u> (que l'on appelle aussi <u>articulateurs, mots de liaison, mots-liens</u>) qui permettront d'enchaîner logiquement vos idées entre elles.

Exercice 9 :

Soulignez les articulateurs qui jalonnent les phrases suivantes et remplacez-les par des connecteurs synonymes quand c'est possible :

- « Je voudrais tout d'abord décrire la situation présente, ensuite souligner les inquiétudes actuelles et enfin, parler des prévisions à venir. »

- « Il me semble que d'un côté vous avez raison mais que d'un autre côté, votre ami n'a pas tort. »

- « Étant donné que le Canada est un pays rude et puisque vous ne supportez ni les grands froids ni les grosses chaleurs, je ne vous conseille vraiment pas de vivre dans ce pays. Par contre, je vous recommande de vivre dans le sud de la France d'autant plus que vous connaissez le français ! Cependant, si vous cherchez un pays où l'on respecte les différences de races, de religions, de sexes et de cultures, alors c'est au Canada qu'il faut vous installer. Vous voyez donc qu'une telle décision n'est pas facile à prendre et pour conclure, je dirais néanmoins que le Canada et la France sont deux pays où il fait bon vivre et que, par conséquent, vous ne pouvez pas vous tromper ! »

3. De vous assurer d'**éviter toute répétition** du même mot :

3.1 En cherchant des <u>synonymes</u> dans le dictionnaire.

3.2 En utilisant des <u>pronoms</u> personnels, relatifs, possessifs...

3.3 En <u>liant</u> davantage vos phrases entre elles ce qui évitera les répétitions inutiles et allègera votre style.

Exemples :

« Il venait de s'installer dans sa maison. Sa maison était belle et spacieuse. » →
« Il venait de s'installer dans sa maison qui était belle et spacieuse. »

« Les gens qui prennent leurs vacances en été ont du mal à comprendre que d'autres gens aiment prendre leurs vacances en hiver. » → « Les estivants ont du mal à comprendre qu'on peut aussi aimer prendre ses vacances en hiver. »

« Elle adorait lire et le fait qu'elle adorait lire la retardait dans ses devoirs. En effet, elle n'avait pas le temps de faire ses devoirs. » → « Elle adorait lire ce qui la retardait dans ses devoirs qu'elle n'avait pas le temps de faire. »

« J'ai toujours beaucoup aimé les voyages. En effet, les voyages permettent de découvrir d'autres pays. Et ces pays sont aussi intéressants que notre pays. » → « J'ai toujours beaucoup aimé les voyages car ils permettent de découvrir d'autres pays qui sont aussi intéressants que le nôtre. »

4. De respecter les règles de la **ponctuation** du français écrit qui diffèrent parfois de celles de l'anglais écrit :

Alors qu'en anglais il y a une virgule avant « and », en français, on ne met pas de virgule avant « et ».

Alors qu'en anglais il y a une virgule après « but », en français, on ne met pas de virgule après « mais ».

5. De soigner votre **orthographe** :

5.1 En vérifiant systématiquement dans le <u>dictionnaire</u>, les mots dont vous n'êtes pas sûr(e).

5.2 En étant particulièrement attentif(tive) aux erreurs d'<u>accords</u> (adjectifs, verbes, participes passés...).

5.3 En veillant à bien différencier les <u>homonymes</u> c'est-à-dire les mots ayant la même prononciation mais un sens différent (la/là, a/à, du/dû, ou/où, se/ce, s'est/c'est, sont/son, et/est, ces/ses...).

5.4. En vous assurant de la bonne utilisation des <u>accents</u>.

Ces vérifications orthographiques qui sont essentielles pour vous assurer de la bonne lisibilité de vos textes devraient se faire systématiquement et en deux temps : au fur et à mesure que vous écrivez votre premier jet puis quand vous relirez votre texte dans son ensemble.

III   TROISIÈME ÉTAPE : LA DISPOSITION SOIGNÉE DE VOTRE DEVOIR

Pour soigner la présentation il est essentiel :

1.   D'écrire le sujet de votre devoir au tout début de votre rédaction.

2.   D'écrire toutes les deux lignes pour que le(la) professeur(e) puisse apposer ses corrections et ses remarques.

3.   D'aller à la ligne après l'introduction, avant la conclusion et au début de chacun des paragraphes qui composent votre développement.

IV   EN CONCLUSION

Il est essentiel de savoir que :

1.   Pour un sujet donné, il n'y a pas qu'une seule réponse possible et acceptable.

   Ce qu'on demande au(à la) scripteur(trice), c'est d'exprimer clairement et correctement des idées intéressantes qui s'appuient sur un raisonnement solide.

2.   Le(La) scripteur(trice) sera jugé(e) sur :

   - La solidité et la richesse de ses idées.

   - Sa capacité à les organiser de façon logique et cohérente.

   - La clarté et la correction (lexicale, grammaticale et syntaxique) de la langue qu'il(elle) utilise.

   - La présentation de son devoir et la façon dont il(elle) permet aux lecteurs de voir, dès le premier coup d'œil, l'organisation et les différentes étapes de son raisonnement.

2. FÉMINISATION
ET RÉDACTION NON SEXISTE

Ce chapitre vise à sensibiliser les apprenants et les apprenantes à la question de l'élimination du sexisme dans la langue, question qui, à notre connaissance, n'a pas été traitée dans les manuels de français langue seconde ou étrangère alors que ceux-ci devraient présenter une langue reflétant les changements linguistiques, politiques et sociaux actuels. Or la féminisation des titres et la rédaction non sexiste, difficiles mais pas impossibles à mettre en pratique, sont aujourd'hui considérées comme indispensables par tous ceux et celles qui utilisent couramment le français en Amérique du Nord.

Remarques préliminaires

Le phénomène de la féminisation du français en Amérique du Nord est tout-à-fait remarquable du point de vue linguistique, sociologique et culturel.

En effet, depuis une dizaine d'années, et sous l'influence du mouvement féministe et du changement du statut des femmes dans la société nord-américaine, le français d'Amérique du Nord s'est féminisé. Cette féminisation constitue un phénomène particulièrement intéressant pour plusieurs raisons :

- Du point de vue **linguistique**, ce phénomène se caractérise par la rapidité avec laquelle il a affecté l'usage. En effet, alors qu'en général, les langues évoluent très lentement, il n'aura fallu qu'une dizaine d'années pour que la féminisation du français passe dans les mœurs et qu'elle soit non seulement acceptée mais considérée comme normale, par les natifs nord-américains (locuteurs et scripteurs, utilisateurs) de cette langue.

- Du point de vue **sociologique**, la féminisation du français en Amérique du Nord a été acceptée, sans grande résistance, si bien qu'aujourd'hui, les francophones de ce continent ne manquent pas d'être choqués quand ils entendent ou lisent des textes qui ignorent les règles de la féminisation.

- Du point de vue **culturel**, la féminisation est particulièrement intéressante car elle est le reflet d'une société progressiste, attachée à éliminer les marques de discrimination du langage. C'est là une conséquence directe de l'impact du mouvement féministe sur les mœurs et les modes de pensée. Soulignons que le Canada est ici en avance sur bon nombre de pays francophones et particulièrement sur la France.

I DOMAINES OÙ LA FÉMINISATION EST COURAMMENT UTILISÉE

Les deux domaines particuliers, où la féminisation est couramment pratiquée sont :

- **l'administration**

- **le monde professionnel de la politique, de l'éducation, des médias, de la traduction, des syndicats...**

1. L'administration

C'est surtout dans le domaine de la correspondance administrative (lettres, mémos, notes de services, circulaires, formulaires, offres d'emploi...) que l'on féminise couramment la langue.

Alors que l'anglais se prête aisément à la féminisation et qu'ont été publiés dans cette langue un certain nombre de guides aidant à l'utilisation d'une langue plus neutre, le français, moins souple, est plus difficile à féminiser si l'on tient à respecter les règles de style de cette langue.

2. Le monde professionnel

Il est essentiel d'utiliser une langue non sexiste et de féminiser systématiquement (après les avoir masculinisés) les titres et les noms de professions que ce soit :

- dans le courrier administratif et les publicités d'offres d'emploi
- dans tous les écrits de type professionnel et
- dans les médias (écrits, radiodiffusés ou télévisés), les traductions, les publicités, le matériel pédagogique utilisé à l'école, les conférences...

Étonnamment, même les dictionnaires les plus réputés résistent encore à consigner ce phénomène de langue si largement adopté par la société actuelle. En Europe, alors que les dictionnaires français et belges manifestent un immobilisme défensif sur cette question, les Suisses ont publié un dictionnaire sur le féminin et le masculin des professions.

II RECOMMANDATIONS POUR LA RÉDACTION NON SEXISTE

Tout d'abord, il est important de souligner que, encore aujourd'hui, les règles fluctuent et leur utilisation n'est pas uniforme. Il ne faut pas oublier que ce phénomène linguistique est très jeune et qu'il en est à ses balbutiements.

☞ Pour féminiser le français, on a le choix entre différents systèmes ; mais l'important est d'être cohérent(e) du début à la fin d'un document écrit et de s'en tenir à un seul et même système ; il ne s'agit pas de mélanger les genres ! Il faut donc choisir entre :

Le/La professeur/e de cette classe est bien aimé/e

ou

Le(La) professeur(e) de cette classe est bien aimé(e)

☞ Les décisions de style de féminisation doivent être prises en ayant pour objectif prioritaire une langue aussi légère que possible.

☞ Quand, dans quelque type d'écrit que ce soit, l'usage de la féminisation alourdit de façon inacceptable le style ou obscurcit la signification du texte, on recommande l'utilisation du masculin générique au pluriel.

Pour arriver à une certaine uniformité au sein d'un même milieu de travail, nombre d'institutions et d'organismes publient leurs propres guides.

Parmi ces guides, celui qui nous semble le plus facile d'accès et le plus complet est celui publié par la Direction générale de la condition féminine de l'Ontario (Canada) qui s'intitule *À juste titre - Guide de rédaction non sexiste*, et que l'on peut se procurer gratuitement auprès de cet organisme gouvernemental.

Les règles de base les plus utiles que l'on y trouve sont les suivantes[1] :

1. <u>Principes de base</u>

La rédaction non sexiste tient en deux recommandations générales :

- écrire les formes des deux genres, en toutes lettres
- recourir aux termes génériques et aux tournures neutres.

2. <u>Répéter en toutes lettres les noms, les titres et les pronoms</u>

On écrit la forme féminine au long, à côté de la forme masculine, sans raccourcir.

Exemples :

- Mariette Carrier-Fraser, représentante du ministère de l'Éducation, a écouté attentivement les commentaires des citoyens, en compagnie de **ses confrères et consoeurs**. (*Le Nord* de Kapuskasing, 22-09-93)

- Pour **les hommes et les femmes d'affaires** torontois, il [Jean Chrétien] a voulu se donner le ton d'un premier ministre et leur présenter sa vision du pays. (*Le Radio-journal* de Radio-Canada, 29-09-93)

- Appui massif **des enseignants et enseignantes francophones** à l'entente de principe avec le CECW. (*Le Rempart,* 16-06-93)

Les termes **épicènes**, dont la forme est identique au féminin et au masculin, sont accompagnés des articles **la** et **le**.

Exemple :

- La direction du journal ou **le ou la journaliste** visé(e) se réserve le droit d'y répondre. (*L'Express*, 16-03-93)

Liste non exhaustive des épicènes de A à Z

agronome	journaliste
architecte	juriste
bibliothécaire	kinésithérapeute
biologiste	linguiste
cadre	ministre
chimiste	notaire
dentiste	optométriste
détective	photographe
économiste	radiologue
expéditionnaire	réceptionniste
fleuriste	spécialiste
gestionnaire	témoin
hygiéniste	urbaniste
interne	vétérinaire
interprète	zoologiste

3. **L'accord grammatical**

Pour l'accord de l'adjectif et du participe, on suit généralement les règles habituelles du français. L'accord se fait au masculin pluriel pour les mots qui se rapportent au féminin et au masculin dans la phrase.

Exemples :

- Pour continuer à refléter la culture franco-ontarienne en évolution, *Liaison* a besoin de **nouveaux lecteurs et lectrices.** (*Liaison*, mai 1993)

- On ne communique qu'avec **les candidates ou les candidats choisis** aux fins d'entrevue. (*La Boîte à nouvelles*, 4-09-93).

4. Employer des termes génériques et des tournures neutres

Un **terme générique** est un nom, féminin ou masculin, qui désigne aussi bien des femmes que des hommes (direction, gens, personne). Certains sont des collectifs (communauté, électorat). Les termes génériques sont indiqués pour remplacer des termes ne reflétant plus la réalité contemporaine, par exemple **scientifiques** pour *hommes de science*. On peut les employer en alternance avec l'écriture des deux genres pour alléger le texte.

Liste non exhaustive de termes génériques :

individu	foule
personne (nom)	forces militaires
personne (pronom)	gens
quiconque	groupe
armée	humanité
assemblée	main-d'oeuvre
auditoire	organisme
autorités	personnel
clientèle	police
collectivité	population
communauté	présidence
députation	public
direction	regroupement
effectifs	ressources humaines
électorat	société
équipe	supervision
êtres humains	surintendance
	tout le monde

Exemples :

- Un premier sondage de **l'électorat franco-ontarien**. (*L'Express*, 12-10-93)

- Nouvelle directrice à *La Cité collégiale,* Diane Vaillancourt veut sonder **les gens d'affaires** de Hawkesbury. (*Le Cendrillon*, 6-10-93)

- Les **autorités médicales** ont découvert deux autres cas. (*CJBC-Bonjour*, 12-10-93)

- L'**opposition libérale** à Queen's Park lance un groupe de travail pour étudier le problème de l'augmentation des crimes à caractère haineux dans la province. (*Ontario 30*, « Les nouvelles ontariennes », 17-12-93)

5. La formation des féminins

☞ **Terminaisons en -E**

Ces noms sont épicènes et ils se prêtent à la féminisation, par l'ajout de l'article **la** ou **une**. Ils possèdent des finales comme **respons*able*, stagi*aire*, journal*iste*, agron*ome*, jug*e*.**

Maire et **mairesse** coexistent dans l'usage. Le mot *maître* s'emploie comme féminin dans **maître de langue** et **maître X, avocate**. La forme *maîtresse* se retrouve dans **contremaîtresse** et **maîtresse de poste**, bien qu'on emploie également **maître de poste.**

☞ **Terminaisons en -É**

La forme féminine s'obtient par l'ajout d'un *e* à la forme masculine, comme dans **charg*ée* de projet, attach*ée* de presse.**

☞ **Terminaisons en -L**

Le féminin se forme par l'ajout d'un *e*, parfois avec le dédoublement du *l*. On obtient ainsi une **général*e***, une **professionnel*le*.**

☞ **Terminaisons en -N**

La forme féminine s'obtient par l'ajout d'un *e*, parfois avec le dédoublement du *n*. On forme de cette façon **une artisan*e*, une écrivain*e*, une aide-mécanicien*ne*.**

Marin et *médecin* sont épicènes pour les noms de profession, (**une marin** et **une médecin**).

☞ **Terminaisons en -T ou -D**

Le féminin se forme par l'ajout d'un *e* à la consonne finale, comme dans **agent*e* de bord, adjoint*e* administrative, soldat*e*.**

☞ **Terminaisons en -ER**

Les noms en *-er* se transforment en *-ère* au féminin. On aura ainsi **une usag*ère*, une plombi*ère*, une greffi*ère*.**

☞ **Terminaisons en -EUR**

La finale en *-eur* devient *-euse*, *-trice*, ou *-eure* au féminin.

La plupart des mots en *-eur* forment leur féminin en *-euse*, comme **cadr*euse***, **chroniqu*euse***, **décid*euse***, **bruit*euse*** ou **ébou*euse***.

Plus les professions sont de type intellectuel et se rapprochent du pouvoir, plus la résistance est forte, comme le montre l'emploi de **cherch*eure*** et **profess*eure*** au lieu des féminins réguliers *chercheuse et professeuse*.

Les mots en *-teur* prennent la finale *-teuse* au féminin si on peut former un participe présent en remplaçant *-teur* par *-tant*. Dans le cas contraire, le féminin se termine en *-trice*.

Exemples :

> chan*teur* - chan*tant* - chan*teuse*
> direc*teur* - diri*geant* - direc*trice*
> ora*teur* - ora*trice*...

Il existe également des formes féminines attestées depuis longtemps :

> traduc*trice* - anima*trice* - instiga*trice* - réalisa*trice*

La finale en *-eure* a provoqué beaucoup de querelles linguistiques. L'usage canadien a retenu plusieurs formes en *-eure,* comme **aut*eure***, **ingéni*eure***, **mett*eure*** en scène, **procur*eure***, **profess*eure***, **supervis*eure*.**

6. <u>Exemples de réécriture</u>

Cette section comprend trois extraits de textes dont les versions révisées exploitent les principes énoncés dans le guide. La réécriture proposée ne représente qu'une possibilité parmi d'autres choix linguistiques et stylistiques.

6.1 <u>Texte 1</u> :

Traducteur H/F

Le Service de traduction de l'Hôpital Laurentien est à la recherche d'un(e) traducteur(trice) spécialisé(e) dans la traduction de l'anglais pour se joindre à son équipe.

Exigences

Le(La) traducteur(e) sera titulaire d'un diplôme en traduction et possèdera une expérience pertinente en traduction et en révision, une maîtrise de l'anglais et du français, de bonnes aptitudes interpersonnelles, une capacité à travailler sous pression et une volonté à travailler en équipe. La personne choisie devra traduire un minimum de 800 mots par jour, et réviser les traductions d'un(e) autre traducteur(trice).

Version révisée :

Traductrice ou traducteur

Le Service de traduction de l'Hôpital Laurentien est à la recherche d'une traductrice ou d'un traducteur spécialisé dans la traduction de l'anglais pour se joindre à son équipe.

Exigences

La personne idéale sera titulaire d'un diplôme en traduction et possèdera une expérience pertinente en traduction et en révision, une maîtrise de l'anglais et du français, de bonnes aptitudes interpersonnelles, une capacité à travailler sous pression et une volonté à travailler en équipe. La personne choisie devra traduire un minimum de 800 mots par jour et réviser le travail d'une ou d'un collègue.

6.2   Texte 2 :

La demande d'ouvriers qualifiés augmente chaque jour. Les gens de métier, comme les électriciens, les mécaniciens d'automobiles, les monteurs de lignes électriques, les imprimeurs, les ferronniers, les mécaniciens-monteurs et les plâtriers gagnent de bons salaires. Ils exercent un métier motivant et satisfaisant. Et ils ont la possibilité d'obtenir un poste de direction ou de fonder leur propre entreprise.

Version révisée :

La demande d'ouvrières et d'ouvriers qualifiés augmente chaque jour. Les gens de métier en électricité, en mécanique automobile, en montage de lignes électriques, en imprimerie, en ferronnerie, en mécanique de montage et en plâtrerie gagnent de bons salaires. En plus d'exercer un métier motivant et satisfaisant, il leur est possible d'obtenir un poste de direction ou de fonder leur propre entreprise.

6.3   Texte 3 :

Est membre : une auteure ou un auteur, ou une collaboratrice ou un collaborateur ayant publié au moins un livre. On entend par collaboratrice ou collaborateur, comme exemple, une illustratrice ou un illustrateur, une photographe ou un photographe, une directrice ou un directeur de rédaction, une ou un critique littéraire.

Statuts et règlements, Association des auteurs de l'Ontario, 1988

Version révisée :

Est membre une auteure, un auteur, une collaboratrice ou un collaborateur ayant publié au moins un livre. La collaboration peut comprendre l'illustration, la photographie, la direction de rédaction ou la critique littéraire.

Statuts et règlements, Association des auteures et auteurs de l'Ontario français, « document de travail », novembre 1993.

Reliée à la question de féminisation, la masculinisation de certains noms de professions entraîne parfois des solutions qui laissent à désirer :

Des sages-femmes en cravate

Durant les années 80, l'accès des hommes à la profession de **sage-femme** en France a exigé la création d'un nouveau titre, à cause de la résistance envers l'équivalent masculin **sage-homme**. Le terme *maïeuticien* a été retenu. Le *Petit Robert* en donne cette définition : « Homme qui exerce la profession de sage-femme ». La langue à l'envers ! Mais on peut en tirer certaines conclusions... :

- Les hommes changent la langue quand ils exercent un métier traditionnellement féminin, pour utiliser un terme qui les inclut.

- L'aspect savant de *maïeuticien* donne à la profession un prestige certain, à cause de son manque de transparence.

- *Maïeuticien* s'emploie seulement pour les hommes, son caractère prestigieux ne s'applique donc qu'au titre masculin de la profession. Les sages-femmes, elles, demeurent des sages-femmes... !

III OUTILS DE RÉFÉRENCE DISPONIBLES

Pour aller plus loin dans l'utilisation d'une langue moins sexiste et dans une réflexion plus approfondie sur la question de la féminisation, un certain nombre d'articles, de livres, de guides et de dictionnaires valent la peine d'être consultés. En voici une liste riche mais cependant non exhaustive :

- M. -E. De Villers, *Multidictionnaire des difficultés de la langue française*, Montréal, Québec/Amérique, 1988.

- Direction générale de la condition féminine de l'Ontario, *À juste titre – Guide de rédaction non sexiste,* 1994.

- Fédération canadienne des enseignantes et des enseignants, *Pour le traitement égalitaire des femmes et des hommes dans les communications écrites*, Ottawa, 1990.

- Office de la langue française, *Au féminin – Guide de féminisation des titres de fonctions et des textes*, Québec, Les publications du Québec, 1991.

- République et Canton de Genève, *Dictionnaire féminin-masculin des professions, titres et fonctions électives*, Genève, Bureau de l'Égalité des droits entre homme et femme et Cellule informatique du département de l'économie publique.

Note :

1. Le reste de ce chapitre est extrait de *À juste titre. Guide de rédaction non sexiste,* Direction générale de la condition féminine de l'Ontario, mars 1994.

Suggestions bibliographiques

Articles

Bourret, Annie. « Sa petite bonne femme de chemin », *La Gazette des femmes*, juillet-août 1991, p. 23–24.

Labrosse, Céline. « Sexisme : voir aussi dictionnaires », *La Gazette des femmes*, mai-juin 1991, p. 6–8.

Vignola, Marie-Josée. « Quelques applications de la féminisation des titres en classe de français langue seconde », *La Revue canadienne des langues vivantes*, vol. 46, no 2, janvier 1990, p. 354–364.

Livres

Direction générale de la condition féminine de l'Ontario. *À juste titre. Guide de rédaction non sexiste*, mars 1994.

Dumais, Hélène. *Pour un genre à part entière. Guide pour la rédaction des textes non sexistes,* Les Publications du Québec, 1988.

Moreau, Thérèse. *Le langage n'est pas neutre*, Lausanne, Association suisse pour l'orientation scolaire et professionnelle, 1991.

UNESCO, Office des conférences, des langues et des documents. *Pour un langage non sexiste*, Paris, 1990.

Yaguello, Marina. *Les mots et les femmes*, Paris, Éditions Payot, 2002.

_____. *Le sexe des mots*, Paris, Seuil, 1995.

3. LES CINQUANTE ERREURS LES PLUS COURANTES À L'ÉCRIT[1]

☞　Ce document, basé sur les corrections de rédactions faites en milieu universitaire, vise à compléter les grammaires traditionnelles, en offrant une approche fonctionnelle de la langue. Il localise les problèmes, les corrige et fournit des explications réduites à leur minimum en évitant tout jargon grammatical.

I　ERREURS ORTHOGRAPHIQUES

- J'esp**è**re (et non *j'éspère*)
- Par ex**e**mple (et non *example*)
- Tou**t** ce qui, Tou**t** ce que (et non *tous ce qui*)
- Perso**nn**e, perso**nn**ellement, perso**nn**alité, perso**nn**age (et non *personellement, personalité...*)
- Néa**n**moins (et non *néamoins*)

II　ERREURS DE VOCABULAIRE

1.　Choisir le mot juste :

- <u>Résoudre</u> un problème
- <u>Surmonter</u> un obstacle
- <u>Réaliser</u> un rêve
- <u>Atteindre</u> un but
- <u>Suivre</u> un cours
- <u>Aller à</u> l'université
- <u>Assister à</u> un concert, à une conférence.

2.　Attention à l'anglais :

- <u>Dans</u> les années 80 (in the 80's)
- Il <u>est né</u> en 1988 (he was born)
- <u>En</u> même temps (at the same time)
- <u>Même si</u> (even though)
- <u>Souvent</u> (lots of times, et non pas *beaucoup de fois*)
- <u>Le jour</u> (l'année, l'heure...) <u>où</u> il est né... (the day, year, time when...)

3. **Faire la différence entre :**

- Un(e) élève et un(e) étudiant(e)

  - L'élève va à l'école.

  - L'étudiant(e) va à l'université.

- Un souvenir et la mémoire

  - On a des souvenirs de son enfance, de ses vacances.

  - On a une bonne ou une mauvaise mémoire (faculté mentale).

4. **Attention aux prépositions :**

- Participer à quelque chose
- Être responsable de quelqu'un, de quelque chose
- Dans quelques jours ce sera l'été
- Être différent de quelqu'un, de quelque chose
- Passer une heure (la soirée, l'année...) à faire quelque chose (doing something)
- *Dans* ce film (roman, article, cours...) il s'agit de... (et non *ce film s'agit de*...)

III   ERREURS DE GRAMMAIRE

- ### À CAUSE DE + NOM, PARCE QUE + VERBE

  « À cause de » est toujours suivi d'un nom et « parce que » est toujours suivi d'un verbe.

  - Elle est tombée amoureuse de lui à cause de son charme.

  - Il a décidé d'aller à Québec parce qu'il voulait la revoir.

- ### APRÈS

  « Après » doit être suivi de l'infinitif passé (être ou avoir + participe passé).

  - Après être sortie, elle se sentait en pleine forme.

  - Après avoir fini ses lectures, elle s'est paisiblement endormie.

- **AUSSI**

  Quand, dans un raisonnement, on veut ajouter une idée supplémentaire, on doit commencer une nouvelle proposition par « de plus » ou « en outre » (moreover).

  Dans ce genre de situation, on ne peut pas utiliser « aussi » en début de phrase.

  - Ce bureau est très isolé. De plus, il est très sombre ce qui le rend encore moins agréable.

  - Québec est une jolie ville. De plus, on y parle français, ce qui m'intéresse.

  « Aussi » peut introduire une proposition, mais il marque alors un rapport de conséquence avec celle qui précède et il provoque l'inversion du verbe et de son sujet.

  - Elle n'aime ni le soleil, ni la mer, aussi ne va-t-elle jamais à la plage.

  - Il ne fait pas de sport et mange beaucoup, aussi risque-t-il une crise cardiaque.

- **AVANT QUE + SUBJONCTIF, APRÈS QUE + INDICATIF**

  «Avant que » est suivi du subjonctif, tandis qu' « après que » est suivi de l'indicatif.

  - Je l'inviterai au restaurant après qu'il aura fini d'étudier.

  - Assure-toi d'avoir tout fini avant qu'elle ne vienne.

- **ÇA**

  « Ça », qui est la contraction de « cela », s'utilise à l'oral, plutôt qu'à l'écrit, où on lui préfère « cela ».

  - Il n'arrête pas de penser à cela.

  - Ne rêvez pas à cela car vous risquez d'être déçu !

- **DE + adjectif**

  Quand un nom pluriel est précédé d'un adjectif, on emploie « <u>de</u> » plutôt que « <u>des</u> ».

  - Elle a <u>de</u> si bonnes notes que tout le monde la félicite.

  - Il a <u>de</u> très jolies mains.

- **DE + nom**

  L'article indéfini (un, une, des) et l'article partitif (du, de la) deviennent « <u>de</u> » dans les phrases négatives.

  - Je n'ai pas <u>de</u> voiture ni <u>de</u> bicyclette, si bien que je marche pour venir au collège.

  - Je ne vois pas <u>de</u> nuages dans le ciel, ce qui est bon signe.

Phrases affirmatives Phrases interrogatives	Phrases négatives
un	de
une	de
des	de

- **DEPUIS, PENDANT, IL Y A**

  * DEPUIS + le présent (for, since + present perfect).

  - J'habit<u>e</u> ici <u>depuis</u> 10 ans.

  - Elle étu<u>die depuis</u> hier.

  * PENDANT + le passé composé (for + preterit)

  - Elle <u>a</u> habit<u>é</u> à Québec <u>pendant</u> 5 ans.

  - Il <u>a</u> voyag<u>é</u> autour du monde <u>pendant</u> 10 ans.

  * IL Y A + le passé composé (preterit + ago)

  - <u>J'ai lu</u> ce livre <u>il y a</u> bien longtemps.

  - <u>J'ai été</u> en France <u>il y a</u> 3 ans.

- ## <u>LA FAMILLE, LE GOUVERNEMENT, LA POLICE</u>

Les collectifs tels que « <u>la famille, le gouvernement, la police, l'équipe</u>... », s'ils sont au singulier, sont suivis d'un <u>verbe au singulier</u>.

- Le gouvernement s'<u>est fait</u> beaucoup d'ennemis avec ses réformes.

- La police <u>n'a pas réussi</u> à retrouver le coupable de ce meurtre.

- ## <u>L'INFINITIF</u>

Quand <u>deux verbes se suivent, le deuxième est à l'infinitif</u> :

- Elle veut étu<u>dier</u> à Montréal l'an prochain.

- Il allait déchi<u>rer</u> son livre quand elle est arrivée.

- ## <u>LE PLUS ... DE, LE MOINS ... DE</u>

La deuxième partie d'un superlatif est toujours « <u>de</u> » (et non pas « dans », comme en anglais).

- Elle est <u>la moins</u> adorable <u>de</u> toute la famille (in the whole family).

- C'est <u>le plus</u> beau pays <u>du</u> monde (in the world).

- ## <u>LES NATIONALITÉS</u>

S'il s'agit de <u>noms</u>, on met une majuscule ; s'il s'agit d'<u>adjectifs</u>, on met une minuscule.

- Il y a actuellement 30 millions de <u>C</u>anadiens au Canada.

- Les <u>J</u>aponais voyagent beaucoup.

- Les parfums <u>fr</u>ançais sont connus à travers le monde.

- Les vins <u>c</u>aliforniens sont excellents.

- ## LA NÉGATION

La négation se compose de <u>deux mots</u> : ne ... pas, ne ... jamais, ne ... plus,
ne ... personne, ne ... rien, ne ... aucun(e), ne ... point.

- Elle <u>n</u>'a <u>rien</u> mangé aujourd'hui.

- Il <u>n</u>'a vu <u>personne</u>.

Les principales exceptions à cette règle sont : ne ... pas encore, ne ... nulle part,
ne ... ni ... ni.

- Je <u>n</u>'ai été <u>nulle part</u> cet été.

- Nous <u>n</u>'avons bu <u>ni</u> thé <u>ni</u> café.

- ## ON + LA VOIX ACTIVE

L'anglais a davantage recours au passif que le français. Ainsi, le français utilise
plus « <u>on</u> » suivi de la voix active.

- Hier, <u>on m'a dit que</u> (I was told that) j'avais beaucoup d'étudiants et
<u>on m'a donné</u> (I was given) de grandes salles de classe.

- <u>On parle</u> français (French is spoken) au Québec.

- À Tahiti, <u>on lui a offert</u> (she was offered) beaucoup de fleurs et <u>on lui a</u>
<u>montré</u> (she was shown) toutes les merveilles de cette île.

- ## LES PARTIES DU CORPS

La plupart du temps et surtout pour les actions courantes, on utilise <u>un article</u>
<u>défini</u> (le, la, les) plutôt qu'un adjectif possessif (son, sa, ses), devant les parties du
corps.

- Il se tient, les mains dans les poches (with his hands).

- En t'entendant, il haussait <u>les</u> épaules (his shoulders).

- Elle <u>s</u>'est fait mal <u>au</u> genou (her knee).

- Ne <u>te</u> brûle pas <u>le</u> doigt (your finger).

* On garde cependant le possessif si la phrase est ambiguë.

- « Donne-moi tes jolies mains » lui dit-il.

- ## LES PAYS

  Les <u>noms de pays, de provinces et d'états</u> sont soit féminins singuliers, soit masculins singuliers, soit pluriels.

  * Ils sont <u>féminins</u> quand ils se terminent par la voyelle <u>e</u>.

  - La France, la Turquie, l'Argentine... certaines exceptions étant le Mexique, le Zaïre, le Cambodge.

  * Ils sont <u>masculins</u> quand ils se terminent par une consonne ou une autre voyelle que <u>e</u>.

  - Le Canada, le Maroc, le Japon, le Portugal... Exception : la Saskatchewan.

  * Ils sont parfois pluriels.

  - Les États-Unis.

  * Ils sont toujours précédés d'un article, à quelques exceptions près (Israël, Cuba...)

  - <u>Le</u> Canada est un pays très vaste qui vaut la peine d'être visité.

  - <u>Le</u> Japon est minuscule par rapport au Canada.

  * Quand ils sont précédés d'une préposition :

  Les noms féminins sont précédés de <u>en</u> :

  - Je vis <u>en</u> France et <u>en</u> Allemagne.

  Les noms masculins sont précédés de <u>au</u> :

  - Elle ira <u>au</u> Québec, puis <u>au</u> Viêtnam cette année.

  Les noms pluriels sont précédés de <u>aux</u> :

  - Il ira <u>aux</u> États-Unis en septembre.

TABLEAU RÉCAPITULATIF

Villes	Pays, provinces, états...
- Pas d'articles • Toronto est une belle ville. - <u>à</u> • Elle vit <u>à</u> Québec. • Il ira <u>à</u> Jérusalem.	- <u>Le/la/les</u> • J'ai déjà visité <u>le</u> Maroc, <u>la</u> Belgique et <u>les</u> États-Unis. - <u>au, en, aux</u> • Il vit <u>au</u> Québec et il va chaque année en Hongrie et <u>aux</u> Bahamas.

• **PEUT-ÊTRE**

Quand « <u>peut-être</u> » est en début de phrase, il doit être suivi de « <u>que</u> » ou de l'inversion du verbe et du pronom qui l'accompagne.

- <u>Peut-être qu</u>'il fera beau demain.

- <u>Peut-être</u> fera-t-il beau demain.

- <u>Peut-être que</u> Pierre viendra demain.

- <u>Peut-être</u> Pierre viendra-t-il demain.

- <u>Peut-être que</u> le docteur pourra expliquer cela.

- <u>Peut-être</u> le docteur pourra-t-il expliquer cela.

• **PLUSIEURS**

« <u>Plusieurs</u> » et « <u>beaucoup</u> » ne sont pas équivalents. Il ne faut donc pas les confondre. En effet, « plusieurs » signifie « plus d'un » alors que « beaucoup » signifie « un grand nombre », « une grande quantité ».

- J'ai <u>plusieurs</u> voitures. En fait, j'en ai deux.

- Elle a <u>beaucoup de</u> livres qui couvrent tous les murs de son bureau.

- ## **LA PROFESSION, LA NATIONALITÉ, LA RELIGION**

On n'utilise pas l'article quand les noms de profession, de nationalité et de religion sont précédés des verbes « être, devenir ou rester ».

- Elle n'est pas canadienne, et pourtant, elle est professeure depuis bien longtemps au Canada.

- Il a accepté de devenir président même si, à cause de la récession, les temps sont très difficiles!

- ## **QUAND, DÈS QUE, TANT QUE**

Après « quand, lorsque, dès que, aussitôt que et tant que », on utilise le futur si l'action a lieu dans le futur (alors qu'en anglais, on utilise le présent).

- Quand je quitterai mon collège (when I leave my college), je serai bilingue.

- Tant qu'il pleuvra (as long as it rains), nous n'aurons pas peur de la sécheresse.

- Dès que tu auras terminé d'écrire cet essai, nous sortirons.

- ## **LES EXPRESSIONS DE QUANTITÉ**

On n'utilise pas l'article après les expressions de quantité telles que : beaucoup de, peu de, trop de, assez de, tellement de, autant de...

- Elle a tant d'amis qu'elle n'est jamais seule.

- J'ai peu de problèmes en ce moment.

- En décembre, nous avons toujours trop de travaux d'essais à rédiger !

Les principales exceptions à cette règle sont : bien du (de la, des) + nom, la plupart du (de la, des) + nom et plusieurs + nom

- J'étudie plusieurs langues cette année.

- Au Canada et en Belgique, bien des gens sont bilingues.
- Il passe la plupart du temps à lire.

- ## QUELQUE CHOSE, RIEN, QUELQU'UN, PERSONNE

    Quand « quelque chose, rien, quelqu'un et personne » sont suivis d'un adjectif, celui-ci est invariable et il est précédé de la préposition « de ».

    - Je n'ai rencontré personne d'intéressant.

    - Elle a préparé quelque chose de délicieux pour ce soir.

    - Nous n'avons jamais rien vu de pareil !

- ## SI (hypothétique)

    Après un « si » marquant une condition ou une hypothèse, on ne peut jamais utiliser le futur ou le conditionnel. On a le choix entre le présent, l'imparfait ou le plus-que-parfait.

    - Si je ne viens pas, il sera déçu.

    - Si elle était malade, elle ne viendrait pas.

    - S'il n'avait pas plu, je serais sortie.

TABLEAU RÉCAPITULATIF

Proposition subordonnée	Proposition principale
Si + présent Si + imparfait Si + plus-que-parfait	Futur Conditionnel présent Conditionnel passé

- ## LES VILLES

    Les noms de villes ne sont pas précédés d'articles sauf quelques rares exceptions comme le Caire, la Nouvelle-Orléans et le Mans.

    - Paris est une très belle ville.

    - Toronto est une ville qui n'arrête pas de croître.

- J'habite <u>à</u> Montréal.

- Elle va <u>à</u> New-York dans un mois.

- Elle étudiera <u>à</u> Québec (Quebec City) l'an prochain.

- Il revient <u>de</u> Lausanne où il a passé d'excellentes vacances.

4.   **Exercice :**

L'une des qualités que possèdent les bons apprenants de langues, c'est qu'ils se comportent en **détectives** et qu'ils aiment repérer les erreurs qu'ils font à l'oral et à l'écrit.

L'activité suivante s'emploie donc à vous faire acquérir des stratégies de **repérage** et de **correction d'erreurs** que vous pourrez ensuite utiliser et transférer à vos propres productions écrites.

S'il y a des erreurs, corrigez-les

1.   Elle a cuisiné depuis deux heures.

2.   Si je serais malade, je ne viendrais pas.

3.   Quand ils sont arrivé, elles sont sorti.

4.   Après mangeant, j'ai joué au tennis.

5.   Je travaille tout en mangeant.

6.   Elle est aussi grande comme moi.

7.   Le français est plus en plus facile.

8.   Quand je serai vieille, je voyagerai à travers le monde.

9.   La femme qui je vois est ma mère.

10.   Ils sont monté et ils sont descendu la boîte.

11.   Tous le monde mangent chaque jour.

12.   J'ai une peur bleue qu'il a peur de moi.

13.   Il sont tous habillés de bleu (=complètement).

14.   Je marche le long du fleuve.

15.   J'ai étudié depuis Juillet dernier.

16.   Je n'ai rien mangé ce matin.

17.   Elle s'est lavée les cheveux, hier.

18. Ils se sont vus.

19. Ne te dépêche pas !

20. La plupart du temps, je sors.

21. Tu veux une voiture ?
Oui, je la veut.

22. Elle a passée ce week-end en étudiant pour le quiz.

23. Elle a emprunté de l'argent à sa famille et ses amis.

24. Je pars en vacances en deux mois.

25. Si j'avais faim, je mangerais.

26. Tant que tu travailles, je serai heureux.

27. C'est l'étudiante la plus intelligente et grande dans le collège.

28. J'ai lu un livre qui s'agit de l'espace.

29.   Quelle couleur est cette fleur ?

30.   Les danseurs qu'ils ont vus danser en même temps étaient fantastiques.

31.   Bien des gens sont malheureux en ce moment.

32.   Plusieurs gens pensent qu'elle est Canadienne.

33.   Tant que tu travailles et que tu es actif, je serai heureux.

34.   J'ai vu un film qui s'agissait des Inuits et à même temps, mon frère voyait le même.

35.   Il a cuisiné depuis 2 heures et il se sent plus en plus expert dans ce domaine !

36.   Les danseurs qu'ils ont vus danser en France viendront au Canada dans 2 ans.

37.   Quand je voyagerai autour du monde, je prendrai mon temps.

38.   Deux cents cinquante ans se sont écoulés depuis cette révolution.

39.   Je n'ai pas lus touts les articles que tu m'as prêtés mais ceux que j'ai lus m'ont intéressée ; j'en ai même lus des passionnants.

40.   Elle s'est rendu compte qu'il faisait beau, ce jour là.

41.   C'était le billet le plus important dans sa vie.

42.   Il a fait entré le chien chez lui.

43.   Un livre de Zola et une sculpture de Rodin.

44.   Quelques gens croient encore que le SIDA n'existe pas !

45.   La plupart d'eux sont gentils.

46.   Voilà la raison pourquoi je suis ici.

47.   Nous devons chercher sa raison afin de pouvoir la comprendre.

48.   Les revues pornographiques devraient être censurer.

49.   C'est-à-dire que les jeunes sont assoifés de liberté.

50.   Faire quelque chose dans une manière dégradante.

51.   Il faut les censurer car certaines d'elles sont inadmissibles.

52.   Quand nous sommes interdits de faire ceci, on fait cela !

53.   Jusqu'à ce que le monde change, il existe aucune solution.

54.   Ils craignent la perte de leur liberté et leurs possessions.

55.   Pour certains gens, le monde devient fou.

56.   Je les rendrais heureuses par leur donner de l'amour.

57.   Elle veut réaliser ses buts ce qui est quelque chose amusante !

58.   Je pense qu'il serait mieux s'il s'engagerait à faire de l'exercice.

59.   Si je serais directrice, je ferais les gens heureux.

60.   C'est moi qui lui a offert cette voiture.

61.   Elle refuse de se faire de nouveaux amis.

62.   Tout le monde aime la musique.

63. Moi et les 30 autres jeunes qui étaient en vacances nous avons voyagé.

64. Je passais de longues heures en jouant avec les cartes.

65. J'ai vu une émission qui s'agissait des rapports entre les hommes et les femmes.

66. On me l'a donné au même temps de sa naissance.

67. C'est une source de violence et brutalité.

68. J'ai toujours eu beaucoup de la chance dans ma vie.

69. A mon avis, je pense que ce devoir est bon.

70. Elle travaille 40 km nord de Toronto.

71. Aucune personne serait sur cette île si elle ne serait pas jolie.

72. Elle va partir en 2 heures.

73. Hier, plusieurs personnes sont venues me voir.

74. Tant qu'elle réussira, je ne m'inquièterais pas. Néamoins, je tiens à ce qu'elle étudit !

75. Dans sa jeunesse, elle se lèverait touts les jours à 7 heures.

76. Je suis prête à passer l'examen et de vous aider ensuite.

77. J'ai plus en plus d'amis qui ont étudié le français depuis plus de 10 ans.

78. Elle était née à Québec mais elle n'est jamais restée dans cette province.

79. Je tiens à ce que vous fassiez vos devoirs par demain.

80. Elle a vécu à Paris pendant 10 ans et maintenant elle habite au Montréal.

81. Après mangeant elle est sortie au théâtre.

82. Combien de fois les avez-vous lus ces romans ? J'en ai lu 3 fois chacun !

83. J'ai apporté des chaises au cas où vous seriez fatigué.

84. Nous nous sommes offerts des belles fleurs cette année.

85. Personellement je pense que tous ce qu'elle dit est intéressant.

86. Le jour quand il était né, c'était la pleine lune.

87.   Dans les 80, les élèves qui étudiaient à l'université étaient très jeunes.

88.   Dans 3 ans, il sera responsable de tout le laboratoire ici.

89.   Je me rappelle du jour où nous sommes sortis ensemble car c'était juste après qu'elle ait finis ses examens.

90.   Nous avons étudié le français depuis 10 ans et il nous reste beaucoup à apprendre.

91.   Même si les parfums Français sont les plus connus du monde, ils ne sont pas toujours les plus populaires.

92.   Plusieurs japonais pensent que le Canada est un beau pays.

93.   Quand je suis libre, peut-être j'irai visiter le Saskatchewan qui est la province la plus surprenante dans le Canada.

94.   La plupart du temps, je mange quelque chose d'appétissant au petit déjeuner.

95.   Je me demande s'il fera beau ou s'il pleuvra demain.

96.   S'il m'avait appelée un peu plus tôt, je me serais organisée pour sortir avec lui.

97.   J'adore voyager à Québec chaque été et apprécier la beauté des paysages de cette province.

98.   Si je serais plus jeune, j'irais étudié à l'Université Laval au Québec.

99.   Le jour quand il arrivera, nous partirons immédiatement en Japon.

100.   Si j'avais eu faim j'aurais mangé.

Note :

1. Ce chapitre est une version révisée de l'article de Christine Besnard, « Synthèse des 50 erreurs les plus courantes à l'écrit : pour une approche fonctionnelle de la langue », *La Revue canadienne des langues vivantes*, vol. 51, No. 2, pp. 348-356. Les exercices d'application ont été spécialement conçus pour ce manuel.

4. LES CAUSES FRÉQUENTES D'ANGLICISMES

LES VOIX PASSIVE ET ACTIVE, LE DÉPLACEMENT ET L'ÉTOFFEMENT[1]

I. LES VOIX PASSIVE ET ACTIVE

Le passif s'emploie plus fréquemment en anglais qu'en français. Losqu'ils rédigent en français les apprenant(e)s de langue maternelle anglaise doivent donc s'efforcer de choisir une autre tournure chaque fois que cela est possible.

1. **Quelques exemples de cas où le passif anglais se traduit par « on » :**

   - I was told that he was willing to help us.
     On m'a dit qu'il voulait bien nous aider.

   - Were you advised to postpone your trip?
     Vous a-t-on conseillé de retarder votre voyage?

   - She is expected to be the next chair of the department.
     On s'attend à ce qu'elle soit la prochaine directrice du département.

   Remarque : le pronom indéfini « on » s'utilise plus fréquemment que le pronom anglais « one ».

2. **Quelques exemples de cas où le passif anglais se traduit par la forme pronominale :**

   - This toy is sold in all department stores across the country.
     Ce jouet se vend dans tous les grands magasins du pays.

   - In North Africa couscous is eaten on festive occasions.
     En Afrique du Nord le couscous se mange les jours de fête.

   - White wine is drunk cold and red wine is served at room temperature.
     Le vin blanc se boit froid et le vin rouge se sert à la température ambiante.

   Remarque : dans les trois exemples ci-dessus la forme pronominale met en valeur la façon habituelle dont se fait l'action.

3. En français les verbes voir et entendre ne se mettent jamais au passif s'ils sont suivis d'un autre verbe :

- They were seen leaving the movie-theatre together.
  On les a vus quitter le cinéma ensemble.
  On les a vus qui quittaient le cinéma ensemble.

- Have I ever been heard to complain about the cold?
  M'a-t-on jamais entendu me plaindre du froid?

- The burglars were seen running away from the store.
  On a vu les voleurs s'enfuir du magasin.
  On a vu les voleurs qui s'enfuyaient du magasin.

- The prime minister was heard to say that he would not be a candidate in the next election/ he would not seek reelection.
  On a entendu le premier ministre dire qu'il ne serait pas candidat aux prochaines élections/ qu'il ne se présenterait pas aux prochaines élections.

- They were heard singing at 3 a.m.
  On les a entendus chanter à 3 h du matin.
  On les a entendus qui chantaient à 3 h du matin.

Remarque: la tournure à l'infinitif est préférable du point de vue stylistique.

4. Dans les cas où le passif anglais peut se traduire de plusieurs façons, il est préférable, d'un point de vue stylistique, de privilégier la tournure avec « on » ou la forme pronominale parce qu'elles sont plus idiomatiques :

- Such a problem cannot be ignored.
  On ne doit pas ignorer un tel problème.
  (Un tel problème ne peut pas être ignoré).

- We were refused another extension.
  On nous a refusé un autre délai.
  (Un autre délai nous a été refusé).

- The CN tower can be seen from a distance.
  La tour CN peut se voir de loin.
  On peut voir la tour CN de loin.
  (La tour CN peut être vue de loin).

5. Exercice

Traduisez les phrases suivantes :

1. He was not given the opportunity to explain himself.

2. She was last seen playing in the school-yard.

3. Physical exercice should be practised regularly to be beneficial to one's health.

4. I was told that I could come without an appointment.

5. Skiing is usually considered a winter activity, and swimming a summer one.

6. He is known to complain about everything.

7. She is considered to be the best candidate for the party.

8. The baby was heard crying well into the night.

II.   LE DÉPLACEMENT

A   COMMENT EXPRIMER LE DÉPLACEMENT ?

Le déplacement ne s'exprime pas forcément de la même façon dans les deux langues.

1.   Voyager/to travel

- Si j'avais plus d'argent je voyagerais davantage.
- Dans sa jeunesse elle a beaucoup voyagé.
- Il voyage constamment.

Dans ces contextes **voyager** correspond à **to travel.**

mais

- I travel to New York about three times a month.
- I will travel to Europe next summer.
- He travelled to India last year.

Ces phrases ne peuvent se traduire par **voyager**. Il faut dire :

- Je me rends (Je vais) à New York trois fois par mois environ.
- J'irai en Europe l'été prochain.
- Il est allé en Inde l'année dernière.

J'ai beaucoup voyagé en Inde est synonyme de :
J'ai beaucoup circulé en Inde.

2.   To go somewhere and back = faire l'aller retour

- I went to Quebec City and back last week
- J'ai fait l'aller-retour Toronto-Québec la semaine dernière. (Si vous habitez Toronto).

3.   Déménager/to move

Déménager s'emploie sans complément de lieu :

- Nous déménageons à la fin du mois.
- Il vient nous aider à déménager.

mais

- He is moving to Ottawa.
- They are moving to San Francisco.
- He moved from New Brunswick to Ontario.
- Il va vivre (s'installer) à Ottawa.
- Ils vont s'installer à San Francisco.
- Il a quitté le Nouveau-Brunswick pour venir s'installer (vivre) en Ontario.

D'un magasin, d'un bureau ou d'une compagnie on dira qu'à partir de telle date il(elle) sera transféré(e) à une autre adresse.

4.   L'anglais précise souvent le moyen de locomotion ; le français s'en tient généralement à l'action :

- I am driving to Montreal next weekend.
- Je vais à Montréal la fin de semaine prochaine.

- He drove back from Ottawa yesterday.
- Il est revenu hier d'Ottawa.

- The Prime Minister is flying to London next week to meet his British counterpart.
- Le premier ministre va à (se rend à) Londres la semaine prochaine pour rencontrer son homologue britannique.

- They flew back on Thursday.
- Ils sont revenus jeudi.

- I will walk with you to the bus stop.
- Je t'accompagne jusqu'à l'arrêt d'autobus.

Mais si le contexte rend nécessaire de préciser la façon dont l'action se déroule il faut, bien entendu, exprimer le moyen de locomotion :

- Je vais à mon travail à bicyclette quand il fait beau.
- Il va à son bureau à pied tous les matins.
- Il a traversé le désert à pied.
- Il a fait l'Arizona à cheval.
- Il est possible d'aller à Niagara-sur-le-lac en bateau.
- Je vais à Montréal le week-end prochain en auto, voulez-vous m'accompagner ?

5. De la même façon l'anglais précise souvent la position à la différence du français :

- They sat down to dinner.
- Ils se sont mis à table.

- He sat up reading all night.
- Il a passé la nuit à lire.

- He laid awake all night.
- Il est resté éveillé toute la nuit.

Tous ces exemples qui illustrent les différences entre les deux langues dans leur façon d'exprimer le déplacement ou la position tendraient à prouver que l'anglais est une langue plus concrète ; le français une langue plus abstraite.

B   COMMENT EXPRIMER LA MANIÈRE DONT ON SE DÉPLACE ?

1. Quand la manière dont on se déplace est évidente, le français ne la précise généralement pas :

- She walked over to her friend.
- Elle s'est approchée de son ami(e).

- Do you want me to walk you to your car?

- Voulez-vous que je vous accompagne à votre voiture?

2. En général le français exprime d'abord l'action et ensuite la manière dont cette action s'accomplit :

- He walked back to his office.
- Il est revenu à pied à son bureau.
  (action)   (manière)

- She ran out of the house.
- Elle est sortie en courant de la maison.
  (action)   (manière)

- She limped out of the doctor's office.
- Elle est sortie de chez le docteur en boitant.
  (action)   (manière)

- The children ran across the street.
- Les enfants ont traversé la rue en courant
  (action)   (manière)

- She jumped from the boat and swam back to the beach.
- Elle a sauté du bateau et a regagné la plage à la nage.
  (action)   (manière)

C VERBES QUI SONT UNE SOURCE D'ERREURS POUR LES ÉTUDIANT(E)S ANGLOPHONES

1. Dans quels contextes utilise-t-on le verbe **conduire** ?

Savoir/ne pas savoir conduire
Aimer/ne pas aimer conduire
Conduire souvent/rarement/mal/bien/lentement/vite, etc.
Passer son permis de conduire/échouer à son permis de conduire.

2. Dans quels contextes utilise-t-on le verbe **marcher** ?

Aimer marcher
Marcher vite/lentement/gracieusement/lourdement, etc.
Marcher d'un pas lourd/léger
Marcher en boitant/en titubant/en sautant, etc.
Marcher de long en large
Marcher au hasard.

Remarques :

On peut conclure que généralement :

To drive = aller en voiture/(aller) faire un tour en voiture
To ride = aller à cheval/à bicyclette, etc.
To walk = aller

ex :   Would you like to go for a drive?
        Voulez-vous aller faire un tour en voiture ?

I am walking to the drugstore.
Je vais à la pharmacie.

3.   Il ne faut pas confondre :

Être assis(e) (état) et s'asseoir (mouvement)
Être allongé(e) (état) et s'allonger (mouvement)

ex :   Si vous êtes fatigué(e), vous devriez vous **allonger** (mouvement).
        Elle lit, **allongée** sur son lit (état).
        Après avoir marché aussi longtemps, Pierre a été content de **s'asseoir**
        (mouvement).
        Paul **est assis** à côté de Claudia (état).

4.   Il faut faire attention aux différents sens du verbe anglais **to return** :

a) To return = to come back

The secretary went to get the mail, she will return shortly.
La secrétaire est allée chercher le courrier, elle sera bientôt de retour/elle va
bientôt revenir.

Will you return soon?
Reviendrez-vous bientôt ?   Allez-vous bientôt revenir ?   Serez-vous bientôt de
retour ?

Quand le verbe **to return** a le sens de **to come back**, il se traduit par **revenir, être
de retour**.

b) To return = to go back

I spent a wonderful week-end in Montreal last week, I hope to return there soon.

J'ai passé un week-end formidable à Montréal la semaine dernière, j'espère y retourner bientôt.

I lived three years in Vancouver but since I moved to Toronto I have never returned there.
J'ai vécu trois ans à Vancouver mais depuis que je me suis installé(e) à Toronto je n'y suis jamais retourné(e).

Quand le verbe **to return** a le sens de **to go back** il se traduit par **retourner**.

c) To return = to return home = to come back home

Don't wait for me I might return very late.
Ne m'attendez pas, je risque de rentrer très tard.

He returned at 1 a.m.
Il est rentré à une heure du matin.

Quand le verbe **to return** a le sens de **to come back home,** il se traduit par **rentrer**.

d) To return = to give back

I am returning this book to the library.
Je vais rendre ce livre à la bibliothèque.

You forgot to return my umbrella.
Tu as oublié de me rendre mon parapluie.

Quand le verbe **to return** a le sens de **to give back**, il se traduit par **rendre**.

5. Exercice

Traduisez les phrases suivantes :

1. He is planning to travel to Italy next summer.

2. They moved to Toronto three years ago.

3. She is flying back from Paris on the 22nd.

4. I would like to return to London next summer but I don't know whether I will be able to afford it.

5. Why don't you sit down near me?

6. Have you returned her wallet to Jane?

7. He said to wait for him, he will return very shortly.

8. She is sitting next to her sister.

9. My mother was angry with me because I returned at 3 a.m.

10. She sat up crying all night.

11. They travel to Europe several times a year.

12. The children ran down the stairs.

13. It is too hot to take the bus, I will walk back home.

14. He walked over to the waitress to ask her if he could use the phone.

15.   I will walk across the street to get a newspaper.

16.   She ran across the street to catch the bus.

III.   LES CAS D'ÉTOFFEMENT

Pour exprimer une même chose, l'anglais et le français ont rarement recours au même nombre de mots.

Nous allons étudier les cas où l'anglais s'exprime de façon plus concise et plus économique et où, en français, il est nécessaire d'**ajouter** quelque chose, d'**étoffer** la phrase, pour avoir une construction correcte. Ce sont les cas qui occasionnent de nombreuses maladresses dans les travaux des étudiant(e)s anglophones qui oublient de respecter cet étoffement.

« L'étoffement est le renforcement d'un mot qui ne se suffit pas à lui-même et qui a besoin d'être renforcé par d'autres »[2].

1.   Étoffement de l'attribut dans l'expression *quelque chose de*

I would like to eat something sweet.
J'aimerais manger quelque chose **de** sucré.

He has nothing new to say on the topic.
Il n'a rien **de** nouveau à dire sur ce sujet.

It is something really different.
C'est quelque chose **de** complètement différent.

Rappel : notez que l'**adjectif** qui suit la particule **de** reste **invariable**.

2.   Étoffement de la préposition par un verbe

He has helped me with this translation.
Il m'a aidé(e) à **faire** cette traduction.

She is helping her mother with the dishes.
Elle aide sa mère à **faire** la vaisselle.

I will help you with your luggage.
Je vais vous aider à **porter** vos bagages.

I asked him for an answer.
Je lui ai demandé de me **donner** une réponse.

She has not finished her essay yet and she asked her professor for an extension.
Elle n'a pas encore terminé sa dissertation et elle a demandé à son professeur de lui **accorder** un délai.

I know she has to stop at her office for her mail.
Je sais qu'elle doit s'arrêter à son bureau pour **prendre** son courrier.

3. **Étoffement par un participe**

I have been told that the charge against him was pretty serious.
On m'a dit que l'accusation **portée** contre lui était très grave.

With a cry she ran out of the room.
Elle est sortie de la pièce **en courant** et **en poussant** un cri.

4. **Étoffement par une proposition**

The students around him were all very young.
Les étudiants **qui l'entouraient** étaient tous très jeunes.

The change in the government policy concerning this issue will affect the population at large.
Le changement **qui s'est opéré** dans la politique gouvernementale relative à cette question va affecter la population dans son ensemble.

5. **Étoffement des conjonctions**

In the 18ᵗʰ century, when Protestants were persecuted in France, Voltaire fought to gain civil liberties.
Au XVIIIᵉ siècle, **à une époque où** les protestants étaient persécutés en France, Voltaire lutta pour l'obtention des libertés civiles.

They came back to where they had seen a policeman.
Ils sont revenus **à l'endroit où** ils avaient aperçu un agent de police.

It really depends on when we have to go.
Cela dépend vraiment **de la date** de notre départ.

Remarque : pour se familiariser avec les cas où il est nécessaire d'étoffer en français, il faut lire régulièrement dans cette langue.

6. Exercice

Traduisez les phrases suivantes :

1. Let's discuss it over a drink.

2. I was told that a bride should wear something old, something new, something borrowed and something blue.

3. She came for the letter while I was out.

4. I will help you with your homework.

5. Her husband never helps her with the housework.

6. I will ask my parents to lend me some money for a new car.

7. I circled the Public Garden – over the bridge and under the blue-green monuments – past the American flag flowerbed – and the entrance where you could have your picture taken for 25 cents – reading the names of the trees. Sylvia Plath, *The Bell Jar*.

Notes :

1. Ce chapitre s'inspire des 2 ouvrages suivants :

    Darbelnet, John. *Pensée et structure*, New York, Charles Scribner, 1969.

    Vinay, Jean-Paul et Darbelnet, John. *Stylistique comparée du français et de l'anglais*, Montréal et Paris, Beauchemin et Didier, 1958.

    Ces 2 livres sont toujours des outils indispensables pour l'étude de la stylistique différencielle.

2. P. Vinay et J. Darbelnet, *Stylistique comparée du français et de l'anglais,* Montréal, Beauchemin, 1958, p. 109.

Suggestions bibliograhiques

Darbelnet, John. *Pensée et structure*, New York, Charles Scribner, 1969.

Vinay, Jean-Paul et Darbelnet, John. *Stylistique comparée du français et de l'anglais*, Montréal et Paris, Beauchemin et Didier, 1958.

5. ACQUISITION DU VOCABULAIRE PAR L'ÉCOUTE DES NOUVELLES RADIODIFUSÉES[1]

1. **Pourquoi les nouvelles ?**

    -   Elles font partie de ce que tout(e) étudiant(e) (et toute personne cultivée) devrait écouter tous les jours pour se tenir au courant de ce qui se passe dans le monde.

    -   Elles présentent un vocabulaire extrêmement riche et varié car elles traitent d'un grand éventail de sujets tels que la politique, la santé, les sports, l'environnement, les conflits sociaux, l'éducation...

    -   Elles facilitent l'acquisition d'un lexique de base que tout citoyen digne de ce nom doit posséder pour pouvoir faire intégralement partie de la Cité et mieux s'y intégrer.

    -   Ce genre d'exploitation est facilité par le fait que les étudiants connaissent les nouvelles en anglais et peuvent s'y référer, en cas de difficulté. De plus, ce type de document sonore fait partie du vécu des apprenants et des apprenantes, de ce qu'ils(elles) connaissent (ou qu'ils(elles) devraient connaître) sur le Canada et le reste du monde.

2. **Objectifs visés**

    -   Ce type de travail cherche à déboucher sur un enrichissement lexical ainsi que sur une réflexion morpho-syntaxique à partir d'échantillons de français oralisé.

    -   Cette activité de compréhension auditive vise à encourager les étudiant(e)s à écouter régulièrement les nouvelles en français afin qu'ils(elles) acquièrent une certaine autonomie linguistique. Elle cherche aussi à les aider à acquérir une autonomie d'apprentissage qui leur permettra de poursuivre leur formation seul(e)s, une fois qu'ils(elles) auront quitté l'université.

    -   La fréquence et la brièveté de ce type d'émission radiophonique permet à l'étudiant(e) de faire un travail sérieux de ré-écoute et de concentration mentale.

    -   Les nouvelles lues à la radio présentent un français canadien oralisé relativement homogène que les étudiant(e)s peuvent facilement s'entraîner à comprendre.

• En conclusion, ce genre d'exercice cherche à atteindre deux objectifs. Le premier est d'ordre linguistique puisqu'en entraînant les apprenant(e)s à écouter et à comprendre les nouvelles nationales et internationales radiodiffusées, l'on vise l'enrichissement du lexique qu'ils(elles) possèdent dans les domaines de l'actualité et de la vie au quotidien. Le deuxième est d'ordre pédagogique puisque l'on cherche à encourager les étudiant(e)s à prendre leur propre apprentissage en main et à acquérir, individuellement ou en groupe, une méthode de travail efficace qu'ils(elles) pourront utiliser en autonomie.

3.   Travail préalable de documentation

• Il est recommandé que les apprenant(e)s lisent, aussi souvent que possible, les journaux et les magazines de langue française tels que *Le Monde*, *Le Devoir*, *La Presse*, *L'Actualité*... qui traitent des mêmes nouvelles que celles présentées à la radio.

• À partir de la lecture de ces publications, ils(elles) seront en mesure de dresser la liste des mots et expressions-clés qui jalonnent ce type d'écrits et dont les journalistes se servent pour traiter de thèmes tels que la politique, le social, l'économie, l'éducation, les spectacles... Ce vocabulaire spécialisé, une fois repéré dans la presse écrite puis compris et maîtrisé, facilitera, ultérieurement, la compréhension orale des nouvelles radiodiffusées.

• Grâce à cette « recherche documentaire » préalable, les étudiant(e)s se rendront compte de la prévisibilité de ce type de lexique, de son grand rendement linguistique et donc, de l'importance de le posséder.

4.   Stratégies d'écoute

Nous encourageons les auditeurs(trices) à :

• Enregistrer le bulletin de nouvelles afin de pouvoir le ré-écouter à loisir et à leur propre rythme.

• Éviter de se précipiter sur leur dictionnaire car celui-ci ne peut, à lui seul, résoudre les problèmes de compréhension. Au contraire, nous leur suggérons d'utiliser les informations périphériques (contexte, connaissance de l'actualité en anglais...) à leur disposition pour mieux comprendre ce qu'ils entendent.

• Prendre conscience de l'existence de deux types de lexique, dans ce qu'ils entendent : le lexique spécialisé de la politique, de l'environnement, des conflits sociaux et celui relevant du registre radiophonique (« Ici, Radio

Canada », « notre envoyé spécial à », « Je passe la parole à Monsieur Untel »...). Une fois cette distinction faite, il est important de s'assurer de leur apprentissage systématique grâce à une prise de note consciencieuse et à leur mémorisation.

Nous encourageons les auditeurs(trices) à écouter à plusieurs reprises la même nouvelle pour :

- Prendre note des mots-clés spécialisés qui jalonnent le document sonore afin de compléter les listes de vocabulaire spécialisé que les étudiant(e)s auront commencé à établir à partir des lectures préliminaires de journaux et de magazines traitant de l'actualité nationale et internationale qu'ils(elles) auront faites.

- Émettre des hypothèses quant au contenu de la nouvelle écoutée puis confirmer ou infirmer ces hypothèses grâce à des écoutes supplémentaires.

5. **Stratégie à utiliser dans le contexte universitaire**

Pour réussir à atteindre l'objectif principal de ce type d'exercice qui vise principalement l'acquisition et la maîtrise d'un lexique spécialisé dans les différents aspects de l'actualité d'écoute, les étudiant(e)s pourraient travailler en groupes de deux pour :

- Pouvoir discuter (en français) de la justesse des hypothèses qu'ils(elles) auront émises sur le contenu sémantique de la nouvelle écoutée et arriver à un consensus.

- En faire, ensemble, un compte rendu oral, en essayant d'être aussi précis(es) que possible et en s'efforçant d'utiliser le nouveau lexique récemment appris.

- S'aider mutuellement, s'il reste encore quelques passages de l'écoute qu'ils(elles) ont du mal à comprendre, afin de s'assurer d'en avoir retenu l'essentiel et que ce qu'ils(elles) en ont compris forme un tout logique et cohérent.

- Comparer leurs listes respectives de vocabulaire spécialisé pour, si besoin est, les compléter, et ainsi mieux maîtriser ce type de lexique qui leur permettra d'accéder à une meilleure connaissance du monde et de mieux se débrouiller dans la vie de tous les jours.

6. <u>**Stratégie à adopter pour l'étudiant(e) qui travaille en autonomie à la maison :**</u>

- L'étudiant(e) devrait comparer les listes de vocabulaire faites à partir d'écoutes avec celles faites à partir d'articles portant sur le même sujet afin de les compléter.

7. <u>**Activité de post-écoute**</u>

- Pour s'assurer de l'acquisition à long terme de ce lexique spécialisé, les apprenant(e)s devront écouter aussi souvent que possible (au moins trois fois par semaine) les nouvelles et réutiliser activement ce vocabulaire en s'engageant dans des discussions sur l'actualité et en jouant, dans le cadre de la classe, le rôle de commentateurs de la radio ou celui de journalistes de la presse écrite.

- Pour se rendre compte de façon objective du temps investi et des progrès accomplis, nous suggérons de tenir scrupuleusement à jour le journal de bord suivant conçu pour une période de trois mois. Un(e) étudiant(e) qui écoute les nouvelles au moins trois fois par semaine et qui lit au moins un article par semaine devrait au bout de deux mois remarquer de nets progrès dans sa compréhension auditive.

JOURNAL DE BORD

Nom : _____   **Prénom :** _____

	Nombre de fois où vous avez écouté les nouvelles	Titres des articles lus
Semaine du		
Semaine du		
Semaine du		
Semaine du		

206

Semaine du		
Semaine du		
Semaine du		
Semaine du		
Semaine du		

Semaine du		
Semaine du		
Semaine du		
Semaine du		
Semaine du		

Notes :

1. Ce chapitre est une version révisée de l'article de Christine Besnard,
   « Stratégies d'écoute des nouvelles radiodiffusées sur Radio-Canada », *La Revue
   canadienne des langues vivantes*, vol. 52, No. 2, pp. 336–339. Le journal de bord a
   été spécialement conçu pour ce manuel.

6. ACQUISITION DU VOCABULAIRE PAR LA LECTURE DE LA PRESSE

1. <u>**Pourquoi lire en français en dehors de la salle de classe**</u> ?

   Parce qu'une lecture régulière est le moyen le plus efficace **d'enrichir son vocabulaire** :

   - par l'acquisition d'expressions et de mots nouveaux ;
   - par la sensibilisation aux contextes dans lesquels ces expressions et mots sont utilisés ;
   - par le renforcement des acquisitions opéré par la régularité de la lecture.

   Parce qu'une lecture régulière entraîne l'**amélioration de l'expression écrite et orale** :

   - par l'enrichissement du vocabulaire ;
   - par l'acquisition souvent inconsciente de tournures syntaxiques propres au français ;
   - par la sensibilisation à la place où se situent les adverbes et les adjectifs ;
   - par la maîtrise de l'emploi des prépositions à force de les voir utilisées en contexte.

2. <u>**Que lire**</u> ?

   Toute lecture régulière est profitable. Cependant, pour vous familiariser avec le **français écrit contemporain** nous conseillons la lecture de **revues** d'intérêt général ou de **la presse** quotidienne. Pourquoi ?

   - parce que chacun(e) peut choisir un magazine ou un article qui correspond à ses intérêts ;
   - parce que le vocabulaire et les tournures syntaxiques que l'on y trouve peuvent s'utiliser à l'oral et à l'écrit dans des contextes fort variés.

3. <u>**Comment lire**</u> ?

   L'important est de lire **régulièrement**, c'est-à-dire **un article par semaine**. Pour vérifier la régularité de vos lectures vous pouvez soit tenir un journal de bord, soit consigner vos lectures dans un cahier ou un carnet où vous noterez le vocabulaire.

Vous pouvez lire un article en vous contentant d'en saisir le sens global.
Vous pouvez transformer votre lecture en **exercice d'enrichissement lexical** en cherchant certains mots et expressions dans le dictionnaire, et en les consignant dans votre carnet de vocabulaire si vous estimez qu'ils vous seront utiles.

Quand vous notez un mot, n'oubliez pas d'en indiquer le genre. Il est bon de vérifier dans un dictionnaire français les contextes dans lesquels ce mot est utilisé.

Quand vous inscrivez un verbe, n'oubliez pas d'indiquer comment il se construit :

- est-ce un verbe pronominal ? Dans ce cas il faut noter le pronom conjoint ;
- est-ce un verbe intransitif qui s'utilise avec une préposition ? Dans ce cas il faut noter la préposition.

Exemples :

Phrase relevée dans un article :

« Depuis des années, il s'adonne à l'étude du sanskrit. »
S'adonner à quelque chose : s'appliquer avec constance à une activité, à une pratique.

Phrase relevée :

« Il n'a pas acheté cette magnifique maison, il en a hérité. »
Hériter de quelque chose : il a hérité de cette magnifique maison.

L'étudiant(e) a relevé la première phrase parce qu'il(elle) ne connaissait pas le verbe « s'adonner à » et la deuxième parce qu'il(elle) ne savait pas que « hériter » se construisait avec la préposition « de ».

4. **Où se procurer des journaux ou des revues en français ?**

- Dans une bibliothèque universitaire. Demandez aux bibliothécaires de vous signaler des revues d'intérêt général.

- La plupart des grandes villes nord-américaines ont des librairies qui offrent un éventail de revues en français. Demandez à vos professeurs ou consultez les pages jaunes de l'annuaire.

- Si vous en avez les moyens, abonnez-vous. Cet investissement est justifié par les progrès qu'occasionne une lecture régulière.

<u>Suggestions bibliographiques</u>

Canada: *Le Devoir, La Presse, L'Actualité, Châtelaine, Spirale.*

France: *Le Monde, Le Nouvel Observateur, Marie-Claire, Lire.*